Otto Zsok · Zustimmung zum Leben

Otto Zsok

Zustimmung zum Leben

*Logotherapeutisch-philosophische Betrachtungen
um die Sinnfrage*

mit einem Präludium von
Dr. Elisabeth Lukas

Die Deutsche Bibliothek — CIP-Einheitsaufnahme

Zsok, Otto:
Zustimmung zum Leben: logotherapeutisch-
philosophische Betrachtungen
um die Sinnfrage / Otto Zsok. Mit einem Präludium von
Elisabeth Lukas. — St. Ottilien: EOS Verlag, 1994
    ISBN 3–88096–993–0

Umschlaggestaltung: Gertrud Winker, Bochum

© 1994 by EOS Verlag Erzabtei St. Ottilien, D-86941 St. Ottilien

Ich widme dieses Buch

Frau Dr. Elisabeth Lukas,
Prof. Dr. Viktor E. Frankl
und Prof. Dr. Wolfram K. Kurz,
sowie

meinem geliebten Sohn Michael-Janosch,

meinen lieben Mitmenschen vom *Sozialen Seminar München*,

den begeisterten Zuhörern und Zuhörerinnen meiner Logotherapie-Kurse in Innsbruck und in Jenbach,

meinem Vater,

und allen, die sich ernsthaft um einen Sinn
in ihrem Leben bemühen

INHALTSVERZEICHNIS

VORWORT

In den vorliegenden Aufsätzen und Betrachtungen werden hauptsächlich aus logotherapeutischer und philosophischer Sicht Perspektiven entwickelt, die vergessene, aber immer aktuelle Lebensthemen um die Frage nach dem Sinn erneut ins Licht rücken.

Dabei leitet den Verfasser die Überzeugung, daß die christlich-abendländische Tradition genügend »geistig-spirituelles Material« beinhaltet, dessen Verlebendigung auch für den modernen Menschen von existentiell-vitaler Bedeutung ist.

Bei den hier vorgelegten Texten handelt es sich um überarbeitete Referate und Vorträge, die 1991–1993 meine Arbeitsgrundlage für Gruppen und Seminare im »Sozialen Seminar München e.V.« waren. Der Vortragsstil wird daher an verschiedenen Stellen immer wieder durchscheinen. Die Literaturangaben dienen nicht nur der Vertiefung der besprochenen Themen, sondern sind als Hinweise gedacht, daß die fundamental menschlichen Werte des christlich-abendländischen geistigen Erbes nicht ohne negative Konsequenzen vergessen werden können.

Für die Auswahl und Zusammenstellung gerade dieser Themen ließ ich mich durch die Erfahrung in der Praxis leiten, durch die Beobachtung, was den Sinnsuchenden am meisten in der Seele brennt, wo Erkenntnis und Einsicht durch philosophisch-anthropologische Ausleuchtung gestützt werden müssen und mit welchen Mitteln die angestrebte Sinnfindung ermöglicht werden kann.

Wenn ich in der praktischen Tätigkeit wie auch in diesem Bändchen letztlich die Musik als *das* Medium zur Transzendenz sehe, so hat das mit meiner ganz persönlichen Beziehung zur Musik und Erfahrung durch Musik zu tun. (Siehe Kap.: »Sinnfindung mit Hilfe der Musik. Ein Ansatz zur schöpferischen Verbindung von Logos, Melos und Sophia«.)

Darüber hinaus sehe ich in der Musik das übersprachliche und überkonfessionelle Medium, das die Besinnung auf das *Schöngute* zwischen Menschen verschiedener Kulturen unmittelbar ermöglicht, vorausgesetzt, daß man ihr aufmerksam Gehör schenkt.

Ich bin überzeugt davon, daß ich nur zugänglich machen kann, wozu ich selber Zugang habe.

Der Verfasser bedankt sich an dieser Stelle bei Frau Gertrud Winker aus Bochum, die mit unermüdlicher Hingabe die Texte korrigiert hat.

München, im Sommer 1994   Otto Zsok

PRÄLUDIUM

von Elisabeth Lukas

Die meisten Menschen fürchten den Tod. Viele Menschen fürchten darüber hinaus diverse Bedrohlichkeiten ihres körperlichen und seelischen Wohlbefindens. Heißt das, daß sie das Leben lieben?

Dies ist keineswegs notwendigerweise der Fall. Es heißt lediglich, daß sie ein leidvolles Leben ablehnen — mehr nicht. Denn zu wissen, welchen Sachverhalten man *nicht* zustimmt, bedeutet noch lange kein Erschauen eines Zustimmungswürdigen. So kommt es, daß sich im Zeittrend das Motto verbreitet: »Wenn wir schon leben müssen, wollen wir wenigstens angenehm leben und nicht leiden.«

Die Verdichtung eines solchen vom psychohygienischen Standpunkt aus nicht unproblematischen Mottos führt zu der Erkenntnis, daß *kein Ganzes teilweise bejaht werden kann, ohne seine Ganzheit aufzusplittern.* Auch das Leben kann nur mit Anfang und Ende, Höhen und Tiefen bejaht werden oder eigentlich gar nicht. Und darum geht es im vorliegenden Buch von Otto Zsok, einem bedeutenden Logotherapie-Kenner der zweiten Generation nach Viktor E. Frankl, dem Begründer der Logotherapie. Otto Zsok komponiert das Leitmotiv Frankls, wonach menschliches Leben einen bedingungslosen Sinn hat, den es unter keinerlei Umständen verliert, wie in einer Fuge mit Variationen durch: Sinn trotz Streit, Schuld, Einsamkeit…, Sinn durch Versöhnung, Liebe, Zärtlichkeit…, Sinn — erfahrbar auf wundersamen Wegen, nicht zuletzt im rhythmischen Gleichklang von Melos und Sophia über das völkerverbindende und menschheitsvereinende Medium der Musik.

Vor den Augen des Lesers reiht sich wie in einem Melodienbogen Argument an Argument für das Große, ja, Numinose, das menschlicher Existenz anhaftet, und wäre sie noch so überschattet vom Kleinlichen und Gewöhnlichen — jenes Große, das darin gründet, daß einer da ist, ihr zugestimmt hat vom Urbeginn an, und sie damit als ein Zustimmungswürdiges ausgezeichnet hat, ein für allemal.

LIEBE ZUM LEBEN UND IHRE ERMÖGLICHUNG

Inmitten einer Welt, die von verschiedenen Katastrophen bedroht ist (nehmen wir dafür nur zwei Begriffe: Wirtschaftskatastrophe — siehe Ost-Europa und Südhälfte, sowie ökologische Krise), möchte ich dennoch die Liebe zum Leben schlechthin zur Sprache bringen. Dabei leitet mich die Überzeugung, daß wir Menschen für das Leben geschaffen wurden. Deshalb sollten wir schon jetzt und heute dieses irdische Leben in seiner Unvollkommenheit, mit seiner Freude und Misere annehmen und lieben. Damit meine ich also nicht nur die Liebe zum wohlgeordneten, abgesicherten Leben, so wie das z. B. in der Werbung zum Ausdruck kommt. — Nein: Ich denke vielmehr an das vielfältige Leben der Pflanzen, der Tiere und vor allem der Menschen. Ich denke auch an das Elend, an das Leiden, aber auch an das Schöne und Gute dieses menschlichen Lebens.

Stellen wir uns vor, daß wir einmal für kürzere oder längere Zeit fähig sind, die Liebenswürdigkeit der eigenen Existenz und der Welt wahrzunehmen. Hätten wir im Zuge dieser Erfahrung nicht Grund genug zur Dankbarkeit? Ja wir sollten bei uns selbst beginnen mit der Liebe — mit der Liebe zum Leben. Thomas von Aquin hatte schon gesagt: »Omnia caritas incipiat ad seipsum«, d. h. jede Liebe beginnt bei sich selbst. Nachdem sie bei sich selbst begonnen hat, zielt die Liebe auf ein *Du* oder auf ein *Wir* oder auf ein *Ihr* oder auf ein *Es* — und im weitesten Sinne auf die Welt. Das ist ersichtlich bei Menschen wie Mutter Theresa, Albert Schweizer oder Roger Schutz, Prior von Taizé.

Liebe zum Leben ist mehr als eine »süße Zweierbeziehung« oder Liebe zur engsten Familie. *Liebe zum Leben ist Weite.*

»Liebe zum Leben ist Liebe zum Kosmos, ist Liebe zur menschlichen Existenz, ist Liebe zur Natur, ist Liebe zu den Leben schaffenden Schöpfungen des menschlichen Geistes, ist Liebe zu den Völkern dieser Erde. Liebe zum Leben erschöpft sich deshalb nicht im privaten Lieben und Geliebtwerden, so sehr dieses als Voraussetzung von jenem besteht.«[1]

Es ist natürlich leicht zu lieben, wenn wir geliebt werden. (Ebenfalls ist es leicht die Menschen in Afrika zu lieben als unsere Nachbarn — unter Umständen.) Die Erfahrung, geliebt zu werden, setzt die Fähigkeit zu lieben frei — könnte man daraus folgern.

Was dann, wenn uns kein Mensch liebt? Ist es schon deshalb aus mit uns? Es wäre ein armes, beengtes Leben, wenn wir gleich verkümmern würden, weil uns niemand liebt. Denn der Liebe, die wir in die Welt setzen können, wenn uns niemand liebt, stehen weite Räume zur Verfügung. Bin ich nicht geliebt oder nicht so intensiv geliebt, wie ich es mir wünsche, so bleibt mir immer noch die Möglichkeit offen — *selbst zu lieben.* Dies ist eine Möglichkeit, die aufgrund eigener Entscheidung Wirklichkeit werden kann; mich zu lieben und andere zu lieben; diejenigen zu lieben, die in meinem Wirkungskreis leben, die meiner Liebe bedürfen.

Der ungarische Dichter Weöres Sándor hat einmal geschrieben:

---

[1] Wolfram Kurz: Die sinnorientierte Konzeption religiöser Erziehung, Würzburg 1989, S. 29.

»Wünsche dir nicht die Liebe des anderen. Lehne die Liebe der anderen nicht ab — gleichgültig von wem sie kommt. Deine Liebe aber soll so aus dir herausströmen, wie das Licht und die Wärme des Feuers — auf alles gleichförmig. Diejenigen Menschen, die dir nahe kommen, sollen mehr von deinem Licht und deiner Wärme bekommen als diejenigen, die dich nicht brauchen. Wie der Ofen das Zimmer erwärmt, so sollst du deine Wärme deiner Familie, deinen täglichen Kameraden und Mitmenschen schenken.«[2]

Ja, ein Dichter würde sagen, es ist lächerlich, sich zurückzuziehen und in die selbstgewählte Isolation zu gehen, *wenn man einmal sieht, daß das Leben einem zuvorkommt.* Ist es nicht so, daß uns die Bäume und Wälder, die Sterne und die Erde lieben? Sie gewähren uns doch Leben — Bedingung zum Leben. Und *das ist gerade Liebe: Gewähren von Leben.* Der Liebende gewährt Leben, öffnet Räume und schafft Bedingung für das Leben in Fülle. Liebe ist ein Da-sein für andere, für meine Mitmenschen.

»Ganz gewiß liebt die Natur den Menschen, sofern sie für ihn da ist, ihm Leben gewährt. Im Gegensatz zum Menschen liebt sie nicht in besitzergreifender Weise. Ihre Liebe ist diskret. Sie verlangt nichts als diskrete Gegenliebe. Diese zeigt sich, sofern der Mensch Natur sein läßt; sie nicht be-greift, sie vielmehr schaut. Und wie im zwischenmenschlichen Bereich schlägt auch diese Liebe mitunter in Haß um. Sie ist zwar langmütig, aber nicht endlos. Sie verträgt viel, aber sie erträgt nicht alles. Die

---

[2] Weöres Sándor, Versuri, Bukarest 1972 (eigene Übersetzung).

vom Menschen vergewaltigte Natur tut dem Menschen Gewalt an. Sie entzieht ihm das Leben.«[3]

Nicht besitzergreifend, sondern diskret lieben, nicht vergewaltigen, sondern *staunend das Geheimnis des Lebens, des Mitmenschen anschauen,* nicht Erwartungen und Kränkungen hegen, sondern sich zur Verfügung stellen, auch wenn der andere unerträglich ist — all das (und viel mehr noch) bedeutet: — Lieben.

Was uns abverlangt wird heißt: Schulung, Kultivierung der Wahrnehmung. »Der Mensch muß den Menschen lehren, des Lebens unter dem Aspekt seines tiefen Geheimnisses wieder gewahr zu werden. Sein, Menschsein, In-der-Welt-Sein, mit anderen zusammen zu sein, in der Natur beheimatet, in der Kultur zu Hause zu sein, ist Mysterium; ein Mysterium, das sich in der Seele des Menschen als Staunen, als Ehrfurcht, als Demut spiegeln kann.«[4]

Darüberhinaus müssen wir uns gegenseitig anregen, das Schöne in der Natur und Kunst immer tiefer zu erfassen. Es gibt eine Fülle von Schönheit — zum Beispiel — in der Musik, in der Natur, in den Augen eines Kindes, (einer Partnerin, eines Partners), in der Gemeinschaft von Menschen, wo die Kommunikation gelingt …

Oft werden wir so überflutet von Reizen und Informationen, daß wir vielleicht nur »etwas Ästhetisches«, aber nicht mehr das Schöne wahrnehmen. Hilfe ist dennoch möglich — durch Meditation und Konzentration. Wie der Dichter sagt:

---

[3] Wolfram Kurz, a.a.O., idem.
[4] Idem.

augen bekommen für das zarte
hände für das zerbrechliche
sinn für das schöne
freude an der schöpfung
vertrauen zum schöpfer

Oder:

in augenblicken
mit besonderen durchblicken
ahne ich: es gibt mehr
als meine augen sehen.

Peter Klever [5]

Um Liebe zum Leben zu ermöglichen, muß wieder Sinn für das *Heilige in der Welt geweckt werden.* Es geht um das Gefühl für das Sakrale — eine urmenschliche Fähigkeit und Sensivität, die bei manchen Menschen heute verschüttet ist. Das Heilige, das Sakrale ist die Tiefe des Seins, »aus welcher alles entspringt, welche alles erhält und welche schließlich alles, was wird, zu seiner Vollendung und Erfüllung führen wird.«[6]

Wie kann ich das Gefühl für das Heilige pflegen oder wiederentdecken?

— Wenn ich lerne, über das Wachsen einer Blume zu staunen;
— wenn ich Augen habe für die Wunder der Natur;
— wenn ich immer mehr erahne, daß alle Dinge miteinander verbunden sind;
— wenn ich vor dem Leiden meines Mitmenschen nicht gleichgültig vorbeigehe;
— wenn ich von Musik ergriffen werde;

5   Peter Klever, Glanz fand ich auch, Lahr 1989, S. 9 und 7.
6   Wolfram Kurz, a.a.O., S. 31.

— wenn ich Dankbarkeit fühlen kann, daß ich Freunde, gute Menschen um mich habe;
— wenn ich eben nicht als selbstverständlich erachte, daß ich gesunde Kinder, einen wertvollen und warmherzigen Ehepartner oder einen zuverlässigen und diskreten Gesprächspartner habe;
— wenn... wenn... wenn...

Dieses Gefühl zu pflegen heißt: den Schöpfer in den scheinbar kleinen Dingen zu erkennen und zu ehren, die Schöpfung zu schützen und zu bewahren, die verschiedenen Aspekte des technischen Fortschritts, des Konsums, des Umgangs mit den Mitmenschen »zusammenzuschauen« und alles aus einem umfassenden Sinnhorizont zu deuten.

Das Gefühl für das Sakrale manifestiert sich in der Ehrfurcht, im Staunen, im Akt der Dankbarkeit. »Die Antennen für das Sakrale« zu reaktivieren, bedeutet, von dem eingebildeten Hochmut »alles sei technisch machbar«, in die Demut zu finden, um von daher Vertrauen, Freundschaft usw. bewerten zu können und als eben nicht »machbar«, kaufbar, bezahlbar zu erleben.

Ein meditativer Text[7] soll das Gesagte vertiefen:

Durch Liebe

Alle Wüsten der Menschen können wieder fruchtbar werden. Durch Liebe! Liebe ist wie ein lebendiges Wasser, eine kosmische Kraft, eine unerschöpfliche Urenergie.

---

[7] Aus Phil Bosmans: Ja zum Leben; Freiburg 1983, S. 20.

Wir brauchen nicht zu verzweifeln. Die Krise kann uns neue Wege zeigen, um als Menschen zu überleben. Die Krise wird uns von der dichten Schicht befreien, die uns einzwängt und alle Poren verklebt. Wenn unsere Haut wieder frei ist, werden wir wieder atmen können.

Es muß ein neues Bewußtsein für die verschütteten Lebenswerte wachsen. Lebendige Menschen müssen Leben einbringen. Alles hängt an einer neuen Lebensweise, an einem neuen Herzen.

In der Wüste bist du noch nicht verloren, wenn du glauben kannst an die Oase.

ELEMENTE EINER KULTUR DES SINNVOLLEN GESPRÄCHS

Die spontane oder bewußt vorbereitete, herzhafte und vernünftig argumentierende Form des Gesprächs als Streitgespräch (als Diskussion) hat gewisse Regeln und Kriterien, die sowohl
— der Kommunikation zwischen Menschen, als auch
— der Wahrheitsfindung, als auch
— dem Respekt der persönlichen Würde des Partners
dienlich sind. Will man z. B. im Kontext der Psychologie und Theologie gewisse Ansätze miteinander vergleichen (um nur ein Beispiel zu nennen: Frankl und Drewermann), so müssen die miteinander diskutierenden Partner nicht nur sachlich, sondern auch in der Kunst des Gesprächs gut vorbereitet sein. Die sachliche Voraussetzung des Gesprächs wäre z. B., daß man das Thema, worüber man sprechen, diskutieren, miteinander streiten will, gründlich und eingehend studiert, daß man sich in das Thema einarbeitet und sich ein eigenes Urteil bildet. Die andere Voraussetzung, die die Kunst des Gesprächs anbelangt, soll in den nächsten Überlegungen betrachtet werden. Zuvor aber will ich noch eine persönliche Erfahrung einflechten. Vor einiger Zeit befand ich mich in einer Gruppe. Ein Teilnehmer hat, um sich wichtig zu machen, gegen die Logotherapie argumentiert, aber er lag so daneben, daß es mir seelisch übel wurde. Wie kann jemand so widersinnig daherreden? — fragte ich mich und wartete auf einen günstigen Augenblick, wo ich allein mit ihm sprechen konnte. Sinngemäß sagte ich »dem Wichtigtuer« folgendes:

Vor einer nicht informierten Gruppe sich so leichtsinnig zu äußern, sei keine große Kunst. Man würde der Sache viel mehr dienen, so habe ich argumentiert, »wenn Sie ein Referat über Ihren Standpunkt vorlägen, denn dadurch könnten jene, die Einsicht haben, beurteilen, was wahr ist, oder widerlegen, was falsch ist.« An dieser Stelle habe ich einen Hinweis des Thomas von Aquin paraphrasiert. Er besagt, daß das *Wie* des Miteinanderredens *nicht gleichwertig* ist — weder inhaltlich noch im Stil.[1]

In dem bei uns üblich gewordenen Stil der sog. Polemik (wie sie in der Politik, aber auch privat — zum Beispiel zwischen den Eheleuten — sowie oft in den Humanwissenschaften benutzt wird), sind wir nicht darauf gefaßt, die gegnerischen Argumente und Meinungen einschließlich der ihnen zugrundeliegende Argumentationsfigur so vorzutragen, daß sie klar und überzeugend wirken — nämlich so, daß der »Gegner« sich darin erkennen könnte. Das Polemisieren, um das eigene Ego zu bestätigen, ist eine Sache. Es entspringt aus dem *Willen zur Macht*. Eine andere Sache ist aber die *Argumentation zur Sache,* die dem *Willen zum Sinn* entspringt. Das schließt nicht aus, daß man leidenschaftlich, ja unter Umständen »polemisch« seine Argumente vorträgt. Damit ist gesagt, daß ich, bevor ich die Meinung des Dialogpartners widerlege, mich bemühen muß, sie richtig zu verstehen und so zur Sprache zu bringen, daß der andere erkennt: »Ja, darum geht es, das ist meine Aussage, das ist meine Aus-

---

[1] Vgl. Josef Pieper: Thomas von Aquin. Leben und Werk; München 1986, S. 109. Wichtige Grundgedanken habe ich aus diesem Buch übernommen und teilweise weiterentwickelt.

sageabsicht, so verstehe ich die zur Diskussion stehende Sache.«

In unseren Gesprächen und Diskussionen aber verhält es sich eher so, daß wir die Aussage des anderen verkürzen, verschieben und aufgrund von Vorurteilen gar nicht in der Lage sind, die eigentliche Aussageabsicht des anderen zu begreifen. Kein Wunder, wenn wir hie und da an der Sache und aneinander vorbeireden. Ein ausgezeichnetes Beispiel dazu wäre die aktuelle politische Diskussion in unserem Lande zum Thema »Asyl«. Nur nebenbei sei erwähnt, daß viele Hefte der Zeitschrift »Der Spiegel« (aus 1991 und 1992) auf die unfruchtbare politische Polemik zu diesem Thema hinweisen bzw. sie kritisch analysieren.

Der wahre Geist einer Diskussion oder die Geisteshaltung eines Streitgesprächs verlangt von uns eine fundamentale Einsicht. Wir sollten uns bewußt machen und uns zu Gemüte führen, daß ein echtes Streitgespräch (auch) Streit ist und dennoch »Gespräch« bleibt. Was heißt das?

Was gehört zum Ethos des (Streit-)Gesprächs, welche Elemente begründen eine Kultur des Dialogs? In loser Reihenfolge und ohne den Anspruch auf eine Systematik sollen hier einige wichtige Regeln beschrieben werden.

1. Das Gespräch ist eine Grundform des gemeinsamen Lebens der Menschen. Ohne Gespräch ist menschliches Miteinander nicht möglich. Es ist ein Miteinanderreden zum Zweck der (Selbst-)Mitteilung, der Klärung, der Information, der Wahrheitsfindung und -erhellung, wobei — in vielen bzw. in den meisten Fällen — selbstverständlich *nicht von vornherein feststeht, daß die Gesprächspartner von Anfang an der gleichen Meinung sind oder*

sein müssen. Schon Platon hat behauptet, daß die Wahrheit als menschliche Realität sich einzig im Gespräch ereigne: »Durch Sich-Unterreden viele Male und durch langes vertrautes Zusammensein um der Sache willen entzündet sich wie von einem fliegenden Funken im Nu ein Licht...«[2] Es hat seinen tiefen Sinn, wenn moderne Psychologien und Kommunikationsforscher von dem sog. »Meinungsbildungsprozeß« sprechen, wenn beispielsweise in einer Gruppe, in einer Firma viele Beteiligte über die optimale Lösung einer wichtigen Frage zu entscheiden haben. Da zählt jede Meinung und jeder ist gefragt, seinen Standpunkt zur Sache darzulegen, zu begründen und zu vertreten.

2. Wer immer sich auf den Dialog, auf ein Gespräch und auf eine Diskussion einläßt, der hat zuvor schon (implizit, unthematisch, unausgesprochen) anerkannt, daß die Wahrheitsfindung und die Erhellung der Wahrheit offenbar ein »Geschäft« ist, das nicht bloß vom Einzelnen gemacht werden kann. Dazu gehört vielmehr die gemeinsame Anstrengung zweier, vieler oder u. U. aller Menschen. Der Dialogführende hat weiterhin (implizit) zugegeben, daß *keiner sich selbst genügt, daß jeder des anderen bedarf, um überhaupt kommunizieren zu können.* (Der Lehrende bedarf des Lernenden. Der Therapeut bedarf des Klienten, des Patienten. Der Schauspieler bedarf des Publikums. Der Referent bedarf der Zuhörer. Auch der Schüler, der Lernende, der Patient, das Publikum, die Zuhörer bringen etwas Inhaltliches in das Gespräch ein. Wenn ich hinzufüge, daß jede Form der Kommunikation *auch eine Interaktion* zwischen Menschen ist, dann ist

---

[2] Zitiert nach Josef Pieper, idem, S. 112.

das Gespräch gar nicht anders denkbar als in einem echten Austausch zwischen *selbständig denkenden und handelnden Personen*.) Ist diese Grundüberzeugung echt, wird sie sich in jedem Fall auswirken und zwar in der Weise des Hörens und in der Weise des Redens. Denn:

3. Gespräch geschieht nicht nur im Miteinanderreden, sondern auch (und vor allem) im *Aufeinanderhören*. Daraus folgt, daß ich das Argument des anderen, seinen Beitrag zur gemeinsamen Wahrheitsfindung, zur gemeinsamen Erhellung einer Sache, eines Problems genauso wahrnehme, wie er es/ihn versteht. Dabei hüte ich mich, auf einen Einwurf von ihm zu antworten. Vielmehr bemühe ich mich seinen Einwand mit meinen eigenen Worten zu wiederholen, seine Aussage sozusagen in meinen Horizont hineinzunehmen, um mich dadurch zu vergewissern, daß er genau das gleiche meint. Dabei zeigt sich, daß das erste Anliegen eines solchen Zuhörens nicht auf die Widerlegbarkeit seiner Argumente, sondern auf die *tiefere Erfassung des zur Diskussion stehenden Problems abzielt.*

Paul Valéry sagte einmal: »Das Erste, das der zu tun hat, der eine Meinung widerlegen will, ist dies: Er muß sie sich ein wenig besser zu eigen machen als der, welcher sie am besten verteidigt.«[3]

4. Jedes Gepräch ereignet sich in einer konkreten, raum-zeitlich und historisch genau bestimmten Situation, in der Personen oder Gruppen von unterschiedlichen Horizonten und Standpunkten her miteinander reden, diskutieren. *Das Konkrete der Situation, aus welcher betrach-*

---

[3] Zitiert nach Josef Pieper, idem, S. 119.

tet der Sachverhalt und das Thema der Diskussion vielleicht ein neues Gesicht zeigen, ist nicht von vornherein
zu errechnen. In jeder ernstgemeinten konkreten Äußerung kommt etwas Richtiges und Wahres der vielfältigen
Realität zur Sprache. Dieses Wahre, und sei es nur mini-
mal, soll aufgegriffen, gewürdigt, geschätzt, und weiter-
geführt werden.

5. Dieses *wohlwollende Zuhören richtet sich natürlich
auch auf den Partner als Person* (und nicht nur auf die
Sache). Auch wenn der andere irrt, ist der Irrtum ein Weg
zum Erkenntnisgewinn. Der Geist der echten Diskussion
setzt Respekt vor der personalen Würde des Partners voraus! Die erzieherische Bedeutung dieses Satzes ist in den
Gesprächen mit Kindern und Jugendlichen nicht zu über-
sehen. Daraus folgt weiterhin:

6. Ich soll zu dem anderen hin sprechen, ihn wohlwol-
lend und sympathisch anschauen, nachdem er sich selber
zu Gehör gebracht hat. Das bedeutet, daß ich gewillt bin,
grundsätzlich verständlich zu sprechen, wobei ich mir
stets vor Augen halten soll, daß Sich-verständlich-Mit-
teilen mehr ist als eine Sache der klaren Sprache und des
Verstandes. Kritische Verdeutlichung heißt ja immer:
Jemandem *etwas* deutlich machen; jemandem, der als
Mit-Subjekt, als Mit-Mensch der Wahrheitsfindung re-
spektiert wird.

7. Schließlich bedeutet das (Streit-)Gespräch — Mehr-
stimmigkeit, Polyphonie, Vielfalt, Pluralismus. Ich erfahre durch die durchgehaltene Stimme des anderen etwas von dem Sachverhalt, was ihm zu Gesicht gekommen und mir vielleicht entgangen ist. Geht es mir wirk-

lich um das Kennen, um das Erkennen und um das liebende Verstehen (und nicht bloß um das Gekanntwerden!), so werde ich das von mir bisher als das wahr Erkannte zwar für bedeutend, aber nicht für zu bedeutend halten.

Ist es bloß eine Utopie, dieses Paradigma der *disputatio* im wissenschaftlichen, politischen und privaten Bereich zu pflegen? Ist es nur ein Traum, eine Kultur des echten (Streit-)Gesprächs in dieser Form zu kultivieren? Würde es dem spezifisch Humanen nicht entsprechen, wenn wir uns die hier beschriebene Geisteshaltung aneigneten? …

Bei aller Vorsicht und Umsicht im Zusammenhang mit der Kunst des Gesprächs sollten wir bedenken, was Viktor E. Frankl, sich auf Kierkegaard berufend, von der »tüchtigen Einseitigkeit« sagte, indem er schrieb: »Solange uns eine absolute Wahrheit nicht zugänglich ist, müssen wir uns damit begnügen, daß die relativen Wahrheiten einander korrigieren, und auch Mut zur Einseitigkeit aufbringen. Im vielstimmigen Orchester der Psychotherapie sind wir zu einer Einseitigkeit, die sich ihrer selbst bewußt bleibt, nicht nur berechtigt, sondern auch verpflichtet.«[4] — Auch im Gespräch miteinander sind und bleiben wir einseitig, weil wir eben nicht alles und gleichzeitig erfassen können, sondern vielmehr die Dinge und Menschen durch unsere eigene — persönliche und geschichtlich bedingte — Perspektive sehen, verstehen und begreifen. Deshalb dürfen wir einseitig sein und unseren (einseitigen) Standpunkt so gut wie möglich vertreten.

---

[4] Viktor E. Frankl: Die Sinnfrage in der Psychotherapie; München 1988, S. 171.

Wahrscheinlich ist es nur den Mystikern gegeben, alles auf einmal zu sehen und zu erkennen.

Diese Grundgedanken haben schon im wesentlichen Sokrates, Platon und Aristoteles ausgesprochen. Thomas von Aquin hat sie im 13. Jahrhundert noch einmal reflektiert und systematisch besprochen. Mein Anliegen war und ist, durch diese Fragmente auf eine vergessene, dennoch wertvolle Tradition der abendländischen Kunst des Gesprächs zu erinnern. Daß dieses Muster des Gesprächs höchst sinnvoll ist, dürfte aus diesen Überlegungen klar geworden sein.

Ergänzend zu dem bisher Gesagten füge ich einen weiteren Aspekt zum Thema »Kommunikation« hinzu, den ich bei der amerikanischen Familientherapeutin Virginia Satir gefunden habe. Ich ergänze Satirs Gesichtspunkt mit kurzen Kommentaren. Es handelt sich um die *»Fünf Freiheiten oder die fünf Regeln der Kommunikation«.*

1. *Das zu sehen und hören, was ist,*
    anstatt was sein sollte,
    war oder sein wird.

Mein Kommentar dazu: Wenn ich das sehe und höre, was ich will, dann übersehe und überhöre ich den anderen.

2. *Sagen —*
    was man fühlt oder denkt,
    anstatt was man fühlen oder denken sollte.

Mit anderen Worten: Der Ausgangspunkt der Kommunikation müßte der *Ist*-Zustand sein. Die Spannung zwischen *Ist* und *Soll* kann ich nie endgültig aus der Welt schaffen, da ich ein Mensch bin. Doch durch die Wahrnehmung und durch das Aussprechen des *Ist*-Zustandes schaffe ich günstige Voraussetzungen für das Weiterkommen in Richtung *Soll.*

3. *Fühlen —*
   was man fühlt,
   anstatt was man fühlen sollte.

Wenn es mir elend ist, dann fühle ich zunächst, daß es mir unwohl geht. Ich meine damit nicht ein Schweigen und ein selbstquälerisches Kreisen um das eigene Leiden, sondern wiederum das Wahrnehmen dessen, was ist.

4. *Fragen, was man will (möchte),*
   anstatt immer um Erlaubnis zu bitten.

Das ist Selbständigkeit, Autonomie — und zwar nicht ohne, sondern mit Rücksicht auf den anderen.

5. *Risiko auf sich nehmen*
   in seinem eigenen Verhalten,
   anstatt sich dafür zu entscheiden,
   nur »sicher« zu sein,
   um nicht das Boot ins Ungleichgewicht zu bringen.

Ich muß, so ergänze ich Virginia Satir, Schritte wagen, die das Gleichgewicht immer wieder stören, wenn ich leben, wachsen und selbst sein will. Es wird nie der Fall sein, daß all meine Bezugspersonen alles und vollkommen gutheißen, was ich unternehme. Der nur und ausschließlich auf seine eigene Sicherheit bedachte Mensch könnte in die peinliche Situation geraten, daß die Jahre seines Lebens vergangen sind und er nie richtig gelebt hat. Beziehung und Kommunikation leben auch von der »herrlichen Störung des Gleichgewichts« — und das bedeutet: Risiko auf sich nehmen in seinem eigenen Verhalten.

DIE KRAFT DES HUMORS

Können Sie sich vorstellen, daß wir jemanden zum Lachen zwingen können? Viktor E. Frankl sagt dazu: »Ich kann nicht auf Befehl lachen. Wenn jemand will, daß ich lache, dann muß er sich schon bemühen und mir einen Witz erzählen.«[1] Es gibt noch anderes, das wir nicht auf Befehl machen können. Man kann — zum Beispiel — nicht glauben *wollen*, man kann nicht lieben oder hoffen wollen (und schon gar nicht jemanden zur Liebe zwingen), und man kann auch nicht sich selbst befehlen, Humor zu haben. Doch müssen wir hier ein bißchen differenzieren. Sicherlich stimmt es, daß die Heiterkeit letztlich eine Naturgegebenheit, eine begnadete Anlage ist und dennoch ist sie *auch* eine »eigene Leistung des Menschen…, insofern seine äußere und mehr noch seine innere Gesundheit durch seine Lebensführung bedingt sind und oft aus einem reifen Menschentum hervorgehen.«[2]

Jetzt habe ich aber — neben dem Wort »Humor« — auch das Wort »Heiterkeit« ins Spiel gebracht. Eine kurze sprachliche Analyse soll die Bedeutung dieser Worte erhellen.

Das lateinische Wort »húmor« hatte ursprünglich die weite Bedeutung von »Flüssigkeit«. In der antiken Medizin nämlich war man der Meinung, daß das richtige Mischungsverhältnis der Flüssigkeiten im Körper dem Menschen jenes Wohlbefinden verleihen, »das sich in Heiterkeit als Grundstimmung ausprägt. Ein gesunder Mensch

---

[1] Viktor E. Frankl: Der Mensch vor der Frage nach dem Sinn; München 1986, S. 76.
[2] Johann Baptist Lotz: Lachen ist eine Gabe Gottes. Von der Tugend des Humors; Freiburg 1983, S. 15.

ist ein heiterer Mensch, was,… nicht nur von der leiblichen, sondern vor allem auch von der seelisch-geistigen Gesundheit gilt. […] Ins Deutsche kommt das Wort ›Humor‹ vom englischen ›humour‹ her. […] Gegen Ende des 18. Jahrhunderts bezeichnete es einzig die Grundheiterkeit, die dem ganzen Wesen des Menschen die ihr entsprechende Färbung gibt. Näherhin ist jene Heiterkeit gemeint, die in Redewendungen wie: ›Er trägt sein Unglück mit Humor‹ zum Ausdruck kommt. Etwas bricht in das Leben ein, das der Heiterkeit zuwiderläuft und sie zerstören könnte. Dabei erweist sie sich als so lebenskräftig, daß sie dem Widrigen standhält, ja es mit ihrem Licht durchstrahlt und so seine äußerste Schärfe mildert.«[3]

Bei Martin Heidegger finden wir weitere Beschreibungen des Humors. Zum Beispiel: Humor als die »wissende Heiterkeit ist ein Tor zum Ewigen.« Oder: Humor als »letzte Heiterkeit«, als »heiteres Wissen«, Humor als der »Sinn, der das Freie liebt und auch die Trübsal noch … überspringt in eine letzte Heiterkeit.« Das Antlitz dieser letzten Heiterkeit erscheint oft schwermütig.[4] Ich persönlich denke hier an die *Ernstheiterkeit Mozarts* und vor diesem Hintergrund leuchtet mir ein, daß Humor oft Züge des Schwermütigen trägt. Der Humor hat mit Lebensweisheit, die aus der Lebenserfahrung erwächst, zu tun. In ihm schwingt Güte, Verständnis für das Menschliche und ein gewisser Tiefgang mit. So gesehen, *wurzelt der Humor in einer letzten Zuversicht und Gewißheit, daß alles irgendwie gut sein wird.* Er schließt jenes Lachen mit ein, das »die Menschlichkeit des Menschen vollen-

---

[3]   Zitiert nach Johann Baptist Lotz, idem, S. 15–16.
[4]   Vgl. idem, S. 11.

det.«[5] Das ist das gute Lachen, denn bekanntlich sprechen wir auch vom bösen Lachen. Es geht letztlich um das berühmte Mozartsche *»Lächeln durch Tränen«*, eine Haltung, die gelassen das Äußerste leistet, dem Widrigen standhält und dabei noch mild lächeln kann. (Das eindrucksvollste musikalische Beispiel dazu ist der 2. Satz aus dem A-Dur Klavierkonzert Nr. 23 von Mozart, KV 488). Der Franzose R. Gary schreibt, der Humor sei eine »geschickte und denkbar befriedigende Art, der Wirklichkeit die Spitze zu nehmen, wenn sie gerade über einen herfallen will.« Er »ist eine Deklaration der Würde, eine Bekräftigung der Überlegenheit des Menschen über das, was ihm passiert.«[6]

Therapeutisch gesehen ist der Humor eine eminent geistige Fähigkeit, wodurch der Mensch sich von sich selbst distanzieren kann. Die Selbstdistanzierung sollte — vor allem — bei Angstgefühlen vollzogen werden. Viktor E. Frankl dazu: »Die Distanzierung und Objektivierung des Symptoms hat ja die Aufgabe, es dem Kranken zu ermöglichen, sich sozusagen ›neben‹ oder ›über‹ das Angstgefühl zu stellen. Nichts ist aber mehr geeignet, Distanz zu schaffen, als der Humor. Wagen wir es doch, diese Tatsache uns zunutze zu machen; versuchen wir einmal, der neurotischen Angst gleichsam den Wind aus den Segeln zu nehmen: Jammert ein Platzangstkranker beispielsweise, beim Ausgehen habe er die Angst, auf der Straße könnte ihn ›der Schlag treffen‹, dann veranlasse man ihn versuchsweise, beim Verlassen des Hauses sich ›vorzunehmen‹, auf der Straße vom Schlage gerührt zu-

---

5   Idem, S. 10.
6   Zitiert nach idem, S. 17.

sammenzusinken. Um seine Angst jedoch vollends ad absurdum zu führen, mag er sich dann auch noch folgendes sagen: ›So und so oft ist es mir schon passiert, daß ich auf der Straße im Schlaganfall zusammengestürzt bin; nun, heute wird es mir eben wieder einmal passieren.‹ In diesem Augenblick kommt ihm nämlich so recht zu Bewußtsein, wie wenig seine Angst eine Realangst und wie sehr sie neurotische Angst ist; damit ist aber wiederum ein weiterer Schritt der Distanzierung getan.«[7]

Der Humor erleichtert also dem Menschen, sich über eine Situation zu stellen, bzw. das Bedrohliche einer Situation gelassen, ein bißchen spielerisch zu entkräften. Wie oft ist diese Art der Entkräftigung in der Ehe, am Arbeitsplatz, aber auch in den banalsten Alltagssituationen von Bedeutung …[8]

Humor ist
— eine (dem Menschen eigene, geistige) Kraft, die gerade in Lebenslagen sich zeigt, in denen wir vom Scheitern bedroht sind.

---

[7] Viktor E. Frankl: Ärztliche Seelsorge. Grundlagen der Logotherapie und Existenzanalyse; Frankfurt/Main [4]1987, S. 207–208.

[8] Siehe das berühmte Beispiel aus dem Leben von Sokrates, in: Wilhelm Weischedel: Die philosophische Hintertreppe. 34 große Philosophen in Alltag und Denken; München 1991, S. 29. Da heißt es: Xanthippe, die Ehefrau des Sokrates, habe ihrem Gatten immer wieder aus dem Fenster einen Eimer mit schmutzigem Wasser über den Kopf geschüttet, wenn er das Haus verließ, um auf dem Markt dem Philosophieren nachzugehen. Sokrates aber nahm »dergleichen häusliche und außerhäusliche Gewitter mit philosophischem Gleichmut hin.« Er äußerte nur: »Sagte ich nicht, daß Xanthippe, wenn sie donnert, auch Regen spendet?«

Humor ist

— *Heiterkeit,* die sich im gesunden Lachen äußert; eine reife Heiterkeit, die sich keine Illusionen mehr macht, weil sie die Welt mit all ihrer Dunkelheit unter sich hat, und nichts mehr von den irdischen Dingen verfälscht, weil sie eben nicht mit einem »tierischen Ernst« an die Dinge herangeht. Die Heiterkeit ist die Grundhaltung der Zustimmung zur Welt im Ganzen, also die liebende Zuwendung und wohlwollend-gütige Distanzierung. Das gesunde und lösende Lachen, »das aus einem kindlichen und heiteren Herzen kommt …, kann nur in dem sein, der durch die Liebe zu allem und jedem die freie und gelöste Symphatie hat, die alles sehen und nehmen kann, wie es ist: das Große groß, das Kleine klein, das Ernste ernst und das Lächerliche lachend. Weil es dies alles gibt, und es so, wie es ist, von Gott gewollt ist, darum soll es auch genommen werden, wie es ist, soll nicht alles gleich genommen … werden.«[9]

Humor ist

— ein *Trotzdem* gegenüber einem Schmerz oder Leiden, das mit Fassung getragen, gemeistert und überwunden wird.

Humor ist

— *innere Freiheit von äußeren Zwängen:* von den Zwängen einer Ehe, die nicht mehr »funktioniert«; von den Zwängen der Werbung, die uns täglich mit Konsumangeboten überfällt; von den Zwängen des »Irgendetwas-Tun-Müssens«, das man nicht tun will …

---

[9] Karl Rahner: Alltägliche Dinge; Einsiedeln 1964, S. 20.

In dem erwähnten Büchlein von Pater Lotz lese ich einen höchst interessanten Teil zum Thema *Humor und tierischer Ernst.* Lotz schreibt:

»Wenn ein Mensch dem tierischen Ernst verfällt, hat auch er etwas Tierisches an sich, weist sein Tun eine tierische Sturheit auf. Einer, der auch das Kleinste mit grenzenlosem Ernst betreibt, ist ein humorloser Geselle, der des befreienden Lachens unfähig ist. Ein solcher ist lächerlich und gefährlich zugleich. Das zeigte sich an den Menschen, die vor 1945 in unserem Vaterland die Macht an sich gerissen hatten. Sie nahmen sich selbst und jede Äußerung ihrer sogenannten Weltanschauung ebenso wie jede Gegenäußerung, mochte sie auch nur in Witzen bestehen, blutig ernst, so blutig, daß nicht wenige deshalb ihr Leben lassen mußten.«[10]

Analog kann man das Tyrannische und Diktatorische des Ceauşescu-Regimes in Rumänien charakterisieren. Sein Größenwahn und seine Herrschsucht haben eine unermeßliche wirtschaftliche und moralische Misere gezeitigt, deren Beseitigung noch 30 bis 50 Jahre dauern kann, aber gerade seine starre, humorlose Haltung führte beim Volk zu einem »Abwehrmechanismus«, den man nur mit dem Begriff »köstliche politische Witze« umschreiben kann.

Das gesunde, lösende, entspannende und erlösende Lachen ist die leibliche Manifestation der Heiterkeit. Und Heiterkeit hat ihren Sitz im Zentrum der Persönlichkeit — nämlich: im Herzen des Menschen! Demnach ist der heitere und humorvolle Mensch auch ein herzlicher Mensch, der spontan und spielerisch sein kann, ein einla-

---

[10] Johann Baptist Lotz, a.a.O., S. 20.

dendes Wesen hat und (meistens) mit Augen ausgestattet ist, die Licht und Wärme, Güte und Verständnis ausstrahlen. Ein solcher Mensch hat die oft bedrückenden Grenzen dieser bunten und vielfältigen Welt genau ausgemessen; er kennt die »tragisch lächerlichen Masken des Lebensspiels« (Hugo Rahner) und steht den Ereignissen in einer letzten Freiheit gegenüber.

Diese fragmentarischen Betrachtungen mögen nun mit einem praktischen Hinweis und mit einem Gedicht zu Ende geführt werden.

Zunächst das *Praktische:*

— Fragen wir uns jetzt oder später: Welches war das erste Erlebnis von Humorigem in unserem Leben?

— Suchen wir nach Erinnerungen, Szenen, Worten und Gesten, die humorvoll, heiter, witzig waren.

— Erinnern wir uns an Situationen, in denen wir viel und herzlich gelacht haben.

— Holen wir sie in die Gegenwart hinein und tanken wir aus der Energie des erlebten Humors auf.

Diese imaginative Übung hat ihren tiefen Sinn; es würde sich lohnen, damit ein ganzes Wochenendseminar zu verbringen.

Und nun zum Gedicht. Fred Endrikat beleuchtet in seinen Versen ausgezeichnet das Wesen des Humors.[11]

Humor ist sozusagen unser Senf des Lebens.
Er macht ein Stücklein trockenes Brot zum Leibgericht.
Wer ihn nicht selbst besitzt, der hamstert ihn vergebens,

---

[11] Aus: Das große Endrikat-Buch, München 1976, S. 74; hier zitiert nach Johann Baptist Lotz, a.a.O., S. 125.

so hat man ihn entweder — oder hat ihn nicht.

Humor ist schwierig oder gar nicht zu ergründen.
Er ist stets taktvoll, niemals vorlaut und nicht spitz.
Humor ist zu erleben und nicht zu erfinden,
im Gegensatz zu seinem kleinen Bruder Witz.

Humor ist unser Freund in allen Lebenslagen,
weil er dem Herz entspringt und nicht dem Intellekt.
Man kann zum Beispiel mit Humor die Wahrheit sagen,
so daß sie uns bekommt und halb so bitter schmeckt.

Humor blüht auch an dunklen Dauerregentagen
und stimmt uns fröhlich, wenn es noch so schaurig ist.
Ja, mit Humor läßt sich sogar ein Humorist ertragen,
und wenn er wirklich noch so traurig ist.

SCHULD, UMKEHR, VERSÖHNUNG

Unkonventionell und ganz persönlich möchte ich in diesem Zusammenhang ein Thema angehen, das, wie ich meine, mindestens einmal im Leben alle Menschen existentiell trifft und erschüttert. Ich möchte über Schuld, Buße und Versöhnung so sprechen, daß man das Gefühl bekommt: Schuld ist nicht das Allerletzte, sie ist nicht das Schlimmste und auch nicht das Furchtbarste. Denn: Nach jeder echten Schuld gibt es die Möglichkeit der Reue, der Wiedergutmachung, der Versöhnung und der Vergebung. Echte, existentielle Schuld schreit nach Barmherzigkeit. Die erfahrene Barmherzigkeit vermittelt einem die Gewißheit, daß es — trotz Schuld! — nur noch ein Vorwärts (und kein Rückwärts) gibt. Für Menschen, die eine begangene Schuld nicht wieder gut machen können, ist es ein Martyrium, die Schuld zu erkennen und dazu zu stehen: denn die Prägung durch eine schwere Schuld bleibt. Wenn es aber eine Möglichkeit der Schuldüberwindung gibt, dann unbedingt durch die — den Mitmenschen und sich selbst gewährten — Vergebung.

Ich beginne diese Betrachtungen und Überlegungen mit einer »mystischen Vision«, wobei ich auf eine Geschichte zurückgreife, die unter dem Titel »Ein ›guter‹ Mensch am Höllentor« bekannt ist.[1] Verfasser dieser Geschichte, die ich hier ein wenig geändert und mit persönlichen Kommentaren versehen habe, ist Calderon de la Barca (1600–1681), ein spanischer Dichter, Dramatiker,

---

[1]   In: Kath. Bibelwerk (Hrsg.): Praktische Bibelarbeit heute. Ein Handbuch, Stuttgart 1974, 2. Auflage, S. 90–92.

Philosoph und wohl auch Mystiker. Zur »mystischen Vision« der Erzählung gehört die Vorstellung, daß Calderon jenseits des irdischen Lebens etwas sieht. Hier schalte ich meine Imaginationskraft ein und …

… Nachdem ich aufgehört habe in dieser irdischen Raum-Zeit-Geschichte zu leben, bin ich in das heiligste Geheimnis Gottes hineingestorben. Ich befinde mich in der Phase der Läuterung, die auf der Erde in theologischer Sprache »Fegefeuer« genannt wird. Während in mir und um mich eine überirdisch schöne Musik erklingt, die mir meine Unvollkommenheit und Mittelmäßigkeit vor Augen führt — und zwar auf eine Weise, die ich sprachlich gar nicht fassen kann — wird mir eine großartige »Vision« zuteil, die … wie soll ich sie beschreiben? …

… Auf einer riesigen Bühne, die ich in allen Richtungen und Ecken mit meinem geistigen Auge überblicken kann, erscheint plötzlich ein Mann namens »Jedermann« und bewegt sich zum »Höllentor«. Vor dem Eingang aber weist ihn der Teufel zurecht:

»Was glauben Sie eigentlich, wer Sie sind? Sehen Sie denn nicht die große Schlange? Stellen Sie sich hier hübsch mit an und warten Sie, bis Sie drankommen!«

Der Mann antwortet dem Teufel ruhig:

»Ich habe immer gehört, daß man hier leicht hereinkommt.«

»Heutzutage nicht mehr«, erwiderte der Teufel. »Das Pflaster der guten Vorsätze wird gerade wegen übergroßer Beanspruchung repariert« — fuhr er fort *(und ich erwartete mit unbeschreiblicher Spannung, was noch kommen würde)*. Der Teufel deutete auf die Schlange und sprach laut:

»Bei mir ist alles überfüllt, so daß nur noch ein einziger Platz frei ist. Den muß der ärgste Sünder bekommen. Sind vielleicht ein paar Mörder da?« *(Ich atmete erleichtert auf. Bloß gut, daß ich keinen Mord begangen habe, sonst wäre die negative Spur jetzt noch da.)*

»Jawohl«, antwortete ein Mann auf die Frage des Teufels. Seine Stimme klang voller Eifer. »Ich bin einer, den man nie geschnappt hat« — sagte er stolz. »Ich hab' den Kerl umgebracht, der mir meine Braut geklaut hat, als ich in der Armee war.«

»Und Sie haben dann doch geheiratet, nicht wahr?« — fragte der Teufel. »Ich glaube, da können wir eigentlich sagen, daß Sie für Ihr Verbrechen gebüßt haben … Wir haben die Dame nämlich hier. Sehen Sie zu, daß Sie schleunigst verschwinden! Die Treppe rechts!«

(Der Teufel läßt ihn laufen — das ist nicht zu fassen, dachte ich. Was muß man begangen haben, damit man in die Hölle kommt? …

Nun aber sah ich, daß der Teufel weiter forschte.) Einem Aufklärer aus dem Schleichhandel — d. h. einem Spekulanten — deutete er an, es gäbe zu viele von dieser Sorte und einen unverbesserlichen Wüstling, der sein altmodisches Laster ausbreiten wollte, stoppte er ungeduldig mit den Worten:

»Sparen Sie sich bitte Ihre lustzentrierten Geschichten. Hier sind 50 Frauen, die Fürbitte für Sie leisten. 49, von denen jede einzelne behauptet, sie sei in Wahrheit Ihre einzige Liebe gewesen, und die Fünfzigste unter der Bedingung, daß Sie nie wieder zurückkommen. Die Frau Gemahlin, würde ich meinen.«

»Da sieht man wieder einmal, wie einen die Weiber im Stich lassen« — murrte der Wüstling. »Schlecht genug habe ich sie doch behandelt.«

»Scheint Ihnen aber Spaß gemacht zu haben« — fuhr ihn der Teufel wütend an. »Nehmen Sie die Treppe hier rechts!«

(Also nicht einmal die Sünden des Fleisches werden mit den Höllenflammen bestraft, dachte ich erstaunt. ... Ich fühlte mich plötzlich komisch. ... Mir schien, daß ich nichts mehr verstehe.)

Es kamen dann Frauen an die Reihe, die ständig eitel um ihr eigenes Ego und ihre Schönheit kreisten. *(Nun wird sie der Teufel bestimmt holen, dachte ich, denn ein ganzes Leben in Eitelkeit führen, ist... Aber nein, der Teufel schickte sie alle weg:)*

»Für Leute, die an Selbsttäuschung leiden, gibt es andere Stellen!« — sagte er fast müde.

Man sah ihm an, daß er nicht mehr lange aushalten würde. Ein Mann, der Brille trug, drängte sich vor:

»Ich glaube, daß ich der Richtige bin, ich bin nämlich Schriftsteller.«

»Journalist?« — fragte der Teufel und machte Anstalten, ihn einzulassen.

»Nein, das nicht. Ich habe Romane geschrieben und habe ziemlich starke Sachen über das Leben gesagt; nicht aber um die Leute innerlich zu erheben. Ich habe die Menschen unterhalten und dabei gutes Geld verdient«, antwortete der neue Bewerber.

»Raus hier« — schrie ihn der Teufel an. *(Mein innerer Zustand war sehr komisch. Ich erkannte nämlich in jenem Schriftsteller einen üblen Ideologen, der in vielen seiner Schriften auf gewisse Dinge fixiert war. Ob er die Leser bereichert hat? Ich hätte ihn nicht so schnell laufen lassen).*

Der Teufel machte nun einen letzten Versuch:

»Hej, Sie da! Was ist eigentlich mit Ihnen, dem Herrn, der für sich alleine steht? — Was haben Sie getan?«

»Nichts«, sagte der Mann und zuckte zusammen. »Ich, ich bin ein guter Mensch und nur aus Versehen hier. Ich habe geglaubt, die Leute ständen hier um Zigaretten an.«

»Sie müssen doch etwas getan haben«, sagte der Teufel. »Jeder Mensch stellt etwas an.«

»Ich sah es wohl«, sagte der ›gute‹ Mensch, »aber ich hielt mich davon fern, ich sah, wie Menschen ihre Mitmenschen verfolgten, aber ich beteiligte mich niemals daran. Sie haben Kinder hungern lassen, Juden ermordet, kriegerische Konflikte provoziert, sie haben auf den Schwachen herumgetrampelt und die Gesichter der Armen zu Brei zertreten. Überall um mich herum — in der Politik, in der Wirtschaft, im Gesundheitswesen — haben Menschen von Übeltaten jeder Art profitiert. Ich allein widerstand der Versuchung und tat nichts.«

»Absolut nichts?« — fragte der Teufel ungläubig. »Sind Sie wirklich sicher, daß Sie das alles mit angesehen haben?«

»Vor meiner eigenen Türe« — sagte der ›gute‹ Mensch.

»Und nichts haben Sie getan?« — wiederholte der Teufel sichtlich ungeduldig.

»Nein«

»Komm herein mein Sohn; der einzige freie Platz gehört dir.«

Und als er den ›guten‹ Menschen einließ, drückte sich der Teufel zur Seite, um mit ihm nicht in Berührung zu kommen. —

… Und da, in jenem Augenblick begriff ich endlich, daß meine Spuren in der Raum-Zeit-Geschichte zwar nicht ganz sauber und durchsichtig sind, daß ich hie und da kräftig mitgemischt und, vor allem in jüngeren Jahren maßlos gehandelt habe, daß ich öfters und wiederholt massiv widersinnige Dinge getan habe, daß ich schuldig geworden bin, daß ich auch dieses und jenes Laster hatte, für das ich nun die Läuterung, die Reinigung auf mich nehmen muß. ... Aber ich begriff auch, daß der Fall des »guten« Menschen nicht mein Fall ist, auch dann nicht, wenn ich mir öfters eingebildet habe, ich sei ein guter Mensch. Während ich ein altes Gebet in meinem Geist wiederholte, flossen geistige, tröstliche Tränen und eine *unbeschreibliche Hoffnung* keimte in mir auf, daß alles gut werden würde. ...

In seinem großen dreibändigen moraltheologischen Werk »Frei in Christus« schreibt P. Bernhard Häring ein Kapitel zum Thema »sündhaftes Reden von der Sünde«. Aus der Fülle der sehr spannenden und bedenkenswerten Gedanken, die hier zur Sprache gebracht werden, greife ich einige heraus. P. Häring schreibt:

»Wir können uns und anderen großen Schaden zufügen durch ein Reden von der Sünde, das zu sinnlosen Schuldkomplexen führt. Die Rede des Sünders wird immer notwendig irgendwie sündhaft sein, solange er sich dem Angebot der Versöhnung widersetzt. [...] Als Versöhnte sprechen wir von Sünde im Lobpreis des Erbarmens und der Geduld Gottes, in Dankbarkeit für die Erfahrung heilender Vergebung und in Bereitschaft zum Heilen, Vergeben, Versöhnen in Christus. [...] Es ist irreführend, wenn man von vielen Sünden gegen viele Gesetze spricht und nur nebenbei die Sünde erwähnt, die die Wurzel aller anderen ist: Gott und seinen Kindern Dankbarkeit und Liebe verweigern. Es ist eine heillose Verkehrung der Ordnung, wenn man mehr von Sünden gegen heilige Dinge — heilige Steine, Gewänder, Orte, Zeiten, Riten — spricht als von der Sünde gegen die menschliche Person und gegen die Mitmenschlichkeit. Es ist nicht viel besser, wenn man von Sünde angesichts biologischer Gesetzlichkeiten und Funktionen spricht, während man sich um die Verstöße gegen heile menschliche Beziehungen und die Gesamtverantwortung des Menschen gegenüber Mitmensch und Mitwelt nicht kümmert.«[2] — Soweit Bernhard Häring.

Es gibt also eine sündhafte und heillose Rede über Schuld und Sünde, die auch heute noch von manchen kirchlichen Kreisen gepflegt wird. Die Begriffe Schuld und Sünde sind zwar sinnverwandt, jedoch ist da eine Unterscheidung zu treffen. Von Sünde kann nur dann gesprochen werden, wenn jemand sich selbst auf Gott bezieht und sich vor Gott als Sünder erlebt. Nur innerhalb der Frohen Botschaft Christi (im Kontext des Evangeliums) kann man sinnvoll von der Sünde reden. Bei Schuld ist das Auf-Gott-Bezogensein nicht ausdrücklich gegeben; es ist vielmehr so, daß sich jemand vor seinem eigenen Gewissen, gegenüber einem erkannten und nicht verwirklichten Sinn schuldig fühlt und schuldig ist. Die in diesem Sinne gemeinte Schuld gehört unausweichlich zur menschlichen Existenz und sie ist gleich mit der Freiheit gegeben. Wo endliche, d.h. menschliche — in Raum und Zeit sich entfaltende — Freiheit am Werk ist, da ist auch Schuld. Man könnte sagen: Schuld ist die Möglichkeit der Freiheit, die ihren eigenen Sinn verfehlt. Der eigene Sinn der (menschlichen) Freiheit ist »Freisein

---

[2] Bernhard Häring: Frei in Christus; Freiburg 1989, Bd. I. S. 368.

für …«, d. h. Freisein für das Tun dessen, was sinnvoll ist und was den eigenen Möglichkeiten entspricht.

Dennoch erleben wir immer wieder, daß wir schuldig werden. Jeder von uns ist »konfrontiert …mit unvermeidbarem Leid, mit unausweichlicher Schuld und schließlich mit seinem unentrinnbaren Tod.«[3]

Trotzdem sollten und sollen wir gut leben und dem Leben ins Gesicht schauen und auch aus sog. »negativen Aspekten« etwas Sinnvolles herausfiltrieren. Die Transformation der »Schuld in Wandlung« (Frankl) wäre ein sinnvoller Weg, mit Schuld umzugehen. Sich auf Rilke und Scheler stützend, äußert Frankl, daß der Mensch drei Anrechte und Ansprüche hat, nämlich:

— seinen Schmerz zu leiden
— seinen Tod zu sterben
— seine Schuld zu büßen.

Bei echter Schuld bleibt letzten Endes etwas Mysteriöses als ein Rest übrig, den man nicht mehr mit der Kategorie Ursache-Wirkung erklären kann, denn echte Schuld ist eben eine Tat aus der, der menschlichen Existenz eigentümlichen Freiheit. Die Theologie spricht in diesem Zusammenhang vom »mysterium iniquitatis« (Geheimnis des Bösen); gäbe es dieses Geheimnis nicht — so Frankl —, dann »wären wir weder frei noch verantwortlich, und dann gäbe es eben auch keine Schuld.«[4]

Die Schuldfrage kann ich nur für mich persönlich beantworten, indem ich

---

[3] Viktor E. Frankl: Der leidende Mensch. Anthropologische Grundlagen der Psychotherapie; München 1990, S. 79.
[4] Idem, S. 247.

— *mein* »Kreuz«, *meinen* »Schatten« auf mich nehme, indem ich
— *meine* eigene Schuld freiwillig annehme
und sage: ja, ich bin in diesem und in jenem Zusammenhang schuldig geworden und ich will dazu stehen. Dennoch gibt es für mich nur noch ein *Vorwärts* (und eben kein Rückwärts), — und dieses Vorwärts heißt: Wiedergutmachung, Reue, Vergebung (Vergeben schenken und um Vergebung bitten) und Versöhnung. Dieses *Vorwärts* heißt auch, daß ich aufhöre, mir selbst und dem anderen Vorwürfe zu machen, daß ich großzügig und weitherzig der Versuchung widerstehe, mich selbst und den anderen zu bestrafen, daß ich umkehre, indem ich von meinen Fixierungen Abstand nehme. Ein Mystiker unserer Zeit schreibt: »Das Vergangene ist in Gott versenkt, des Zukünftigen nimmt er sich an. Gott bereitet den Menschen niemals Gewissensqualen, sondern schenkt ihnen inneren Frieden. Es wäre schwindelerregend, wenn Gott das Herz eines Menschen quälte, indem er ausrechnete, was jeder ist oder nicht ist! Man würde Gott eine berechnende Absicht unterstellen, als wollte er dem Menschen Schuldgefühle einjagen. Wo Gott doch mit jedem leidet, der Qualen durchmacht.«[5]

Ich möchte darauf verzichten, ständig zurückzuschauen. Wenn mich die eigene Schuld der Vergangenheit einholt, möchte ich sie in das Wasser der Taufe versenken und alles der göttlichen Barmherzigkeit anvertrauen. Ich möchte vorwärts schauen und im *Jetzt,* in *die-*

---

[5] Roger Schutz: Brief von den Quellen. Aus dem Innern leben; Les presses de Taizé 1987, S. 13. Roger Schutz ist bekannt auch mit dem Namen Frère Roger.

sem Augenblick leben. Und so hoffe ich, in der geschenkten und angebotenen Vergebung, in der erlebten Nähe mit lieben Menschen, in der Meditation und Kontemplation, in der Musik … eine *höhere Gegenwart* zu erfahren, die gestern und heute, morgen und in alle Ewigkeit barmherzig der ganzen Menschheitsfamilie zugeneigt ist.

Diese »Hoffnung über alle Hoffnung hinaus« spart dem Menschen die Anstrengung der Wiedergutmachung des Schuldhaft-Verursachten jedoch nicht. In der Logotherapie spricht man von drei Möglichkeiten der Wiedergutmachung.[6]

In einem Fall ist *die Wiedergutmachung an demselben Objekt möglich und sinnvoll,* wie das folgende Beispiel zeigt: Ein Mann hatte über fünf Jahre einer Frau hofiert und ihr das Gefühl gegeben, er würde sie irgendwann heiraten. Mit all ihrer Liebesfähigkeit öffnete sie sich ihm und wartete in Hoffnung. Doch dann, nach 5 Jahren, verließ er sehr plötzlich, ohne sich zu verabschieden, die Frau, zog in eine andere Stadt und heiratete eine andere. Wenige Monate später wurden die beiden Eltern. Der Mann hatte nun ein neues Glück gefunden und — durch die Eheschließung — eine neue Verantwortung auf sich genommen. So weit, so gut. Die zurück- bzw. verlassene Partnerin — nennen wir sie Charlotte — fühlte sich betrogen, ausgenützt, hingehalten, ja, sie wurde tatsächlich betrogen und existentiell angelogen. Welten und Hoffnungen sind in ihrer Seele untergegangen, nicht ohne extreme Verzweiflung und schwere Krisen — wie man sich

---

6   Vgl. Elisabeth Lukas: Psychologische Seelsorge. Logotherapie — die Wende zu einer menschenwürdigen Psychologie, Freiburg 1985, S. 188 ff.

das leicht vorstellen kann. In gewissem Sinne stand sie ohne Perspektive da. Die Möglichkeit auf eine erfüllte Mutterschaft schien, da sie schon über 40 war, endgültig dahingeschwunden zu sein. Sie versuchte ihren Ex-Freund brieflich zu erreichen, sie wollte mit ihm eine Aussprache über den Sinn des Miteinander-Gelebten halten, sie hoffte auf eine plausible Erklärung, doch er schickte die Briefe kommentarlos zurück. Charlotte verstand die Welt nicht mehr, sie dachte sogar an Selbstmord, doch eine unsichtbare Macht wachte über ihr Leben. Nach einiger Zeit begegnete sie einem neuen Mann, der es wirklich ernst mit ihr meinte. Ihre Widerstände waren jedoch groß und die Angst, erneut verlassen zu werden, noch größer. Der neue Mann blieb aber beharrlich. Schließlich, nach monatelangem Hin- und Hergerissensein, das für den neuen Partner nicht leicht zu ertragen war, da er sich immer wieder mit dem Vorgänger verwechselt fühlte, entschied sich Charlotte für die neue Beziehung. Der Ausgang der Geschichte klingt diesmal wie ein *happy end:* Charlotte und ihr neuer Mann bekamen ein Kind, wuchsen in der Liebe zueinander und Jahre später haben sie sogar geheiratet.

Das war aber noch nicht das Ende, denn trotz dieser positiven Wende konnte Charlotte ihren Ex-Freund nicht vergessen und wünschte sich in aller Heimlichkeit eine Aussprache mit ihm. Die Wunden in ihrer Seele als späte Auswirkungen des Verlassenwordenseins störten sie, und beeinflußten negativ die neue Beziehung. Etwas mußte wiedergutgemacht werden, aber wie? Durch einen glücklichen »Zufall«(?) begegnete Charlotte ihrem Ex-Freund in einem Freizeitpark. Fünf Jahre sind inzwischen vergangen. Beide standen an der Kasse mit dem je eigenen Kind, um eine Eintrittskarte für die Pony-Show zu kaufen. Und da, in einem für Charlotte völlig überraschenden Moment, geschah es. Er, der Ex-Freund, leitete den *Akt der Wiedergutmachung* ein. Er entschuldigte sich für die Wunden, die er ihr vor Jahren zugefügt hatte, dann sagte er Sätze der Erklärung, worauf Charlotte sehnsüchtig gewartet hatte, und schließlich sprach er die Worte aus: »Wenn du noch kannst, vergib mir, bitte.« —

Dieser Mann ergriff die Möglichkeit der Wiedergutmachung an demselben Objekt bzw. Subjekt. Er versöhnte sich mit jener Person, der er Leiden zugefügt hatte. Das ist die einfachste und naheliegendste Art der Wiedergutmachung. Und wenn das nicht mehr möglich ist?

Man spricht, in einem zweiten Fall, von der *Wiedergutmachung an einem anderen Objekt bzw. Subjekt.* Die Wiedervereinigung Deutschlands bietet in unserem Lande vielen Menschen Möglichkeiten, diese weniger logische Form der Wiedergutmachung zu praktizieren.

Ein Politiker der Ex-DDR wird sich bemühen, wenn nicht den verstorbenen Opfern, so doch den Nachfolgern, Gerechtigkeit geschehen zu lassen bzw. öffentlich um Verzeihung zu bitten. Einzelne Bürger unseres Landes werden rechtsradikalen Kräften Widerstand leisten, damit es nicht noch einmal zu einem »Nationalsozialismus« kommen kann. Beide Seiten werden sich gegenseitig *verzeihen wollen müssen* — auch wenn jene, die tatsächlich um Verzeihung gebeten werden sollten, nicht mehr unter uns auf Erden weilen. Allgemein gültige Rezepte kenne ich diesbezüglich nicht. Mut, schöpferische Phantasie und Demut der einzelnen Menschen und — unter Umständen — der Institutionen sind hier gefragt.

In einem dritten Fall schließlich, läßt sich *Wiedergutmachung nur durch Reue, Umdenken, Umkehren* leisten.

Das Neue Testament spricht von »metanoia«. Man denke an einen Sterbenden, der keine Zeit mehr hat, die begangene Schuld aufzuwiegen. Aber, so schreibt E. Lukas, »er kann bereuen, und die Reue hebt die Schuld irgendwie auf. Die Reue durchflutet das Gewesene mit dem Sinn, daß es immerhin zu der *Erkenntnis* des Fehlers geführt hat, und jeder Erkenntnisprozeß ist ein Wachstumsprozeß. Mit ›Reue‹ sind dabei keineswegs qualvolle Selbstvorwürfe gemeint, die am Ende noch masochistischen Charakter annehmen. Vielmehr geht es um die Erkenntnis des Guten, die aus der Vergeblichkeit des nicht-mehr-zu-ändernden Schlechten befreit. Der auf Grund einer Schuld ›umdenkende‹ Mensch entwächst seinem früheren Ich ein Stück, er ist nach dem *Umdenken* nicht mehr derselbe wie vorher, er ist ein anderer, vielleicht ein Besserer geworden. Und wenn dies gelingt, war die Schuld, und das Leid, das sie gebracht hat, nicht umsonst — im Licht eines tieferen Sinns gerinnt Schuld zur Wandlung.«[7]

Ein ewig gültiges Symbol dieser Wandlung sieht der dafür offene Mensch in der Szene der Kreuzigung: »Einer der Verbrecher, die neben *Ihm* hingen, lästerte ihn … Der andere aber wies ihn zurecht und sagte: … Uns geschieht recht, wir erhalten den Lohn für unsere Taten; dieser aber hat nichts Unrechtes getan. Dann sagte er: Jesus, denk an mich, wenn du in deiner Macht als König kommst! Jesus erwiderte ihm: Amen, ich sage dir: Heute noch wirst du mit mir im Paradies sein.« (Lk 23, 39–43)

---

[7]   Idem, S. 189 f.

EINSAMKEIT – LOGOTHERAPEUTISCHE IMPULSE

Beim Thema »Liebe zum Leben und ihre Ermöglichung« ist der Satz ausgesprochen worden: Ein Dichter würde sagen, daß es lächerlich ist, sich zurückzuziehen und in die selbstgewählte Isolation zu gehen, *wenn man einmal sieht, daß das Leben einem zuvorkommt.*[1]

Und beim Thema »Schuld« äußerte ich die Meinung, daß mindestens einmal im Leben alle Menschen von der Schuld existentiell getroffen werden. Ähnlich verhält es sich mit dem Gefühl bzw. mit dem Zustand der Angst, mit der Empfindung der Liebe und auch mit den Gefühlen der Einsamkeit. Einsamkeit ist nämlich so alt wie die Menschheitsfamilie und heute ist sie in weitverbreiteten Schichten der westlichen Wohlstandsgesellschaft eines der größten Probleme neben den Drogen- und Umweltproblemen. Wenn ich manchmal in den Zeitungen Kontaktanzeigen lese, dann merke ich, wie viele Menschen unterschiedlicher Altersgruppen einen Partner, eine Partnerin, einen Freund, eine Freundin oder einfach einen anderen Menschen suchen, mit dem man zusammen die Freizeit gestalten kann. Anscheinend ist auch die größer gewordene Freizeit mit eine der Ursachen der Vereinsamung, der Einsamkeit und des Gefühls des Isoliertseins.

Betrachten wir *drei Modalitäten der Einsamkeit* im Zusammenhang des Alleinseins. Ich bringe drei verschiedene Formulierungen, hinter denen sich Lebenseinstellungen verbergen. Jemand sagt:
1. »Ich lebe allein (d. h. ich bin nicht verheiratet, bin in keiner Partnerschaft gebunden und wohne allein),

---

[1] Vgl. S. 15 in diesem Buch.

aber ich bin nicht einsam«. Das ist der Typ des schöpferisch lebenden, ledigen Menschen — ob Frau oder Mann ist hier zweitrangig.

2. »Ich lebe in Gemeinschaft (z. B. in einer Zweierbeziehung, in der Familie, in einem Orden, in einer WG) und doch bin ich einsam.« — Das ist der Typ des Menschen, der nicht allein lebt, nicht allein wohnt und dennoch einsam ist.

3. »Ich lebe allein und fühle mich sehr einsam.« Zu diesem dritten Typ gehören z. B. ältere Menschen, die — aus ganz verschiedenen Gründen — mit ihrem Leben (oder vorsichtiger formuliert: mit ihrer Freizeit) nichts mehr anfangen können.

Fragen wir nun: Ist Alleinsein, Alleinleben gleich Einsamkeit?

Ja — zum Beispiel in dem dritten Fall. Und nein — zum Beispiel in dem ersten Fall.

Fragen wir weiter: Ist Einsamkeit gleich Alleinsein, Alleinleben? Ja — zum Beispiel dann, wenn jemand allein lebt und sich allein fühlt (Fall 3). Und nein — wenn zum Beispiel jemand in der Familie (also nicht allein) lebt und dennoch einsam ist (Fall 2).

Was folgt daraus? Erstens:

Ja, Alleinleben ist Einsamkeit (kann Einsamkeit sein), wenn der Alleinlebende auf nichts und niemanden mehr bezogen ist. Kann das möglich sein? Kann das möglich sein, wenn Menschsein immer schon Über-sich-selbst-Hinaussein bedeutet?

Vielleicht in einer ganz extremen Situation der monatelangen Krankheit und Bettlägrigkeit oder vielleicht dann, wenn sich jemand dafür entscheidet, auf Dauer einsam zu sein, aber gewöhnlich und im allgemeinen kaum.

Zweitens: Nein, Alleinleben ist nicht Einsamkeit, wenn der Alleinlebende sich auf etwas oder jemanden bezieht, wenn er sich einer Aufgabe, einem Menschen, einer wert- und sinnvollen Sache widmet, wenn er *seine* Kräfte zur Verfügung stellt, um etwas, was Sinn hat, zu tun und zu erleben.

Das Phänomen Einsamkeit muß differenziert betrachtet werden. Es ist eben nicht immer und in jedem Fall so, daß das Leben in der Partnerschaft gleich und automatisch uns vor Einsamkeit verschont. Auch in der Zweierbeziehung kommt vor, daß die Partner sich auf längere Zeit, auf Dauer, einsam fühlen. Ich denke an Frauen, die Kleinkinder haben und den überwiegenden Teil des Tages — trotz Aufgaben, die Kleinkinder bedeuten — alleine und im Gefühl der Einsamkeit verbringen. Ich denke an Ehepartner, die erwachsene Kinder haben, die schon ausgezogen sind. Sie — die Ehepartner — wohnen weiterhin zusammen, sind auch »irgendwie« zusammen, aber sie sind nicht mehr miteinander — sie fühlen sich einsam. Ein Beispiel: »Wir leben seit über 20 Jahren zusammen, aber in der letzten Zeit läuft nichts mehr zwischen uns.« Ein weiteres Beispiel, das ich kürzlich anläßlich eines Vortrages in der Multiple-Sklerose-Gesellschaft des Landesverbandes Bayern erlebt habe:

»Junger Mann« — sagte mir eine liebenswürdige, im Rollstuhl sitzende circa 70-jährige Frau — »ich habe schon so viel erlebt, daß ich kaum etwas Neues erwarte, aber ich sage Ihnen, ich freue mich jeden Tag meines Lebens, daß ich da bin.«

Ich habe der Frau tief in die Augen geschaut und war sehr berührt. Noch mehr berührt war ich, als sie mir nach dem Vortrag die Hände reichte und sich bedankte. Sie hätte die Musik »wunderschön« gefunden, sagte sie, und ich freute mich mit ihr, daß sie — trotz Behinderung und Alter — das Schöne durch die Musik fühlen konnte.

Dieses Beispiel zeigt mir, daß es Menschen gibt, die die Einsamkeit gelassen annehmen, überwinden und sich ihres Lebens freuen. Umgekehrt: Es ist keine Gewißheit, daß, wenn man gesund ist und in der Familie, in der Partnerschaft lebt, sofort und automatisch verschont bleibt von der Einsamkeit.

Bisher habe ich die Einsamkeit als etwas Negatives beschrieben. In der Tat ist sie — auf der einen Seite — ein Zustand der Leere, der Isolation und der Verlassenheit, dem man in aller Regel unbedingt ein Ende bereiten will. Ich glaube aber, die Einsamkeit ist auch etwas Positives. Auf der anderen Seite nämlich ist sie eine Tür zu neuen Gedanken und Ideen, ein Durchgang zu großen und schöpferischen Taten, ein Zustand der Wüste, in dem ein Mensch zur Besinnung, zur Meditation und vielleicht auch zu einer mystischen Schau der Welt kommt. Treffend hat P. Heinz Perne formuliert:

»Einsamkeit. Für den einen: eine Wüste ohne Baum und Strauch, eine Zisterne ohne Wasser, eine Nacht ohne Sterne.

Für den anderen: ein Brunnen aus dem man Leben schöpft, ein Baum, der nach Hetze und Hitze Schatten spendet, eine Nacht, in der der Aufgang der Sonne beginnt.

Einsamkeit. Es ist die Angst vor dem ›morgen‹: Der lange Tag, der vor einem liegt. Die Arbeit, die ich ganz alleine tun muß. Die Einsamkeit des ›Leistenmüssens‹, des Erfolges, der zu weiteren Erfolgen treibt, weil andere

›es von mir erwarten‹. — ›Du kannst das doch! Dir fliegt ja alles nur so zu…‹.

Einsamkeit. Sie erfreut und belastest, kerkert ein und macht frei, sie hat positive und negative Vorzeichen. Überall ist sie zu finden, und doch will sie keiner wahrhaben. Sie wird verdrängt und gesucht, gehaßt und gepriesen. Ein eigenartiges Phänomen.«[2]

Das doppelte Gesicht der Einsamkeit wird hier zur Sprache gebracht: das Negative und das Positive der Einsamkeit. Es wird deutlich, daß Einsamkeit als »Wüste ohne Baum und als Zisterne ohne Wasser« mehr und etwas anderes ist als Alleinsein. Diese Art von Einsamkeit — nennen wir sie negative Einsamkeit — ist langfristig unerträglich, dunkel und trocken und schließlich — tödlich. Es gibt Statistiken, die zeigen, daß (gerade bei uns in der westlichen Welt) »mehr Menschen an der Einsamkeit zugrunde gehen, als im Verkehrstod auf unseren Straßen sterben.«[3] Der Mensch ist nicht für die Einsamkeit geschaffen und schon gar nicht für die negative Einsamkeit. Merkwürdigerweise scheint die negative Einsamkeit oft selbst verschuldet zu sein. Ein Beispiel von Heinz Perne. Er schrieb: »In einer Aussprache mit Caritashelfern und alten Menschen ging es darum, Wege zu suchen, wie man Alleinstehenden und Einsamen helfen könne. Immer wieder klagten dabei die Leute, daß die Jugend sie allein lassen würde. Eine alte Frau meinte: ›Unter mir wohnt eine junge Frau. Sie weiß ganz genau, daß ich oben allein bin. Nie hat sie mich bis heute besucht.‹ Da wagte ich mich zu melden und

---

[2]   Heinz Perne: Getröstete Einsamkeit; Limburg 1981, S. 2.
[3]   Idem.

meinte: ›Wie wäre es, die alte Dame ginge einmal hinunter und sagte ihr: Gehen Sie heute einmal für zwei Stunden in die Stadt, ich bleibe bei ihren Kindern.‹ — Man hat mich verwundert angeschaut. Das kann man von älteren Menschen nicht erwarten. Verschuldete Einsamkeit.«[4]

Es könnten noch viele Beispiele angeführt werden, die selbstverschuldete Einsamkeit belegen. Die Erwartungshaltung an andere, sie sollten sich doch bittesehr kümmern und zuwenden, kann nur durch die eigene Entscheidung zur Hingabe, zum *Aus-sich-selbst-heraus-Gehen*, abgebaut werden. Der Aufforderungscharakter einer Situation, der *Sinnaufruf in einer Lebensphase* sagt uns genau, was zu tun ist, wenn wir uns in die negative Einsamkeit hineinmanövriert haben.

Doch die *positive Einsamkeit* als »eine Nacht, in der der Aufgang der Sonne beginnt« ist eine schöpferische, zum Menschsein und vor allem zum Reifwerden gehörender Zustand — und davon soll nun die Rede sein.

Jene Einsamkeit ist hier gemeint, die nach einer Phase der Verlassenheit und Isolation den Menschen zur inneren Akzeptanz seines Todes hinführt. Es ist die Einsamkeit des gelassen gewordenen Menschen, der sein Leben mutig gestaltet. Positive Einsamkeit bedeutet: das *Noch-Werdbare* bis zum letzten Atemzug formen und gestalten.

Wenn ich Familie und Kinder habe, wenn ich arbeite und täglich ein gewisses Pensum zu bewältigen habe, dann ist es natürlich leicht(er), mich dem zu öffnen, was gerade auf mich zukommt.

Wenn ich alt und gebrochen bin, wenn ich alleine lebe, dann sollte ich vielleicht zurückschauen und für all das

---

4   Idem, S. 7f.

dankbar sein, was einmal gewesen ist. Ich sollte *dankbar sein*, z. B. dafür daß

— ich 30 oder 40 oder 45 Jahre gearbeitet habe;
— ich einen Mann, eine Frau, Freunde und Freundinnen hatte;
— ich Kinder gezeugt habe, die gesund und erwachsen sind;
— ich den zweiten Weltkrieg überlebt und Jahrzehnte in einer demokratischen Wohlstandsgesellschaft leben durfte;
— ich heute noch dies und jenes tun kann und mich von unerwartet angenehmen Begegnungen und von schönen Dingen überraschen lassen kann; … usw. …

Für mich selbst und für meine älteren Mitmenschen möchte ich auf Simone de Beauvoir Bezug nehmen, die in ihrem Buch »Das Alter« folgendes geschrieben hat:

»Wollen wir vermeiden, daß das Alter zu einer spöttischen Parodie unserer früheren Existenz wird, so gibt es nur eine einzige Lösung, nämlich weiterhin Ziele zu verfolgen, die unserem Leben Sinn verleihen: das hingebungsvolle Tätigsein für einzelne, für Gruppen oder für eine Sache, Sozialarbeit, politische, geistige und schöpferische Arbeit. Im Gegensatz zu den Moralisten muß man sich wünschen, auch im hohen Alter noch starke Leidenschaften zu haben, die es uns ersparen, daß wir uns nur mit uns selbst beschäftigen. Das Leben behält einen Wert, solange man durch Liebe, Freundschaft, Empörung oder Mitgefühl am Leben des anderen teilnimmt.«[5]

Ja, in der schöpferischen Einsamkeit nehmen wir unsere Mit- und Umwelt wahr:

---

[5] Simone de Beauvoir: Das Alter; Reinbek 1977, S. 464.

- die sozialen Probleme (Stichwort: Ausländerfeind-
lichkeit — und die Frage dazu: Was kann ich tun, daß
es da besser wird?);
- einen Nachbar oder Nachbarin, der/die noch ge-
brechlicher und einsamer ist als wir (Stichwort:
Nächstenliebe);
- ein Projekt, das auf Maßnahmen zielt, die unsere
Umwelt schützen (Stichwort: Abfall, Gifte). …

Der Phantasie und der Wahrnehmung unserer Mit- und
Umwelt sind keine Grenzen gesetzt. In all diesen Momenten der schöpferischen Einsamkeit geht es zunächst
um eine Besinnung, um ein Horchen auf das Leben und
dann geht es letztlich um ein *Engagement* für etwas oder
für jemanden: u. U. auch für Gott, dessen Gegenwart ich
gerade in der Stille und der schöpferischen Einsamkeit
mehr und mehr wahrnehmen kann. Es geht schließlich
um Begegnungen und Aufgaben mit Menschen, wo ich
als konkrete, hier und jetzt lebende und handelnde Person
unersetzlich und einzigartig bin — vielleicht in dem tiefen
Sinne, wie in der »Weisheit des Brahmanen« von Fried-
rich Rückert[6] formuliert ist:

O glaube nicht, daß du nicht seiest mitgezählt;
Die Weltzahl ist nicht voll, wenn deine Ziffer fehlt.
Die große Rechnung zwar ist ohne dich gemacht,
Allein du selber bist in Rechnung mitgebracht.
Ja mitgerechnet ist auf dich in aller Weise;
Dein kleiner Ring greift ein in jene größeren Kreise.

---

[6]   Zitiert nach Jochen Kirchhoff: Klang und Verwandlung. Klassische Musik als Weg der Bewußtseinsentwicklung; München 1989,
S. 89.

Bevor ich ständig darauf warte, daß der andere auf mich zukommt, um mich aus der Einsamkeit zu holen, bevor ich ständig zuschaue und nicht eingreife wie der »gute« Mensch am Höllentor[7], bevor ich das Geschehen eines sog. Wunders, das meine Einsamkeit beendet, abwarte, möchte ich mich lieber orientieren an dem, was angeblich Mohammed einmal gesagt haben soll: Also, wenn der Berg nicht zu Mohammed kommt, dann geht Mohammed zum Berg.

Jetzt ist die Zeit der Öffnung und heute ist der Tag, an dem ich meine selbstverschuldete oder nicht selbstverschuldete Einsamkeit beenden kann. Der Logos dieses Tages wartet auf uns.

---

[7] Siehe vorausgegangene Betrachtung zum Thema »Schuld, Umkehr, Versöhnung«.

ÜBER DIE LIEBE

*Philosophische, logotherapeutische und theologische
Betrachtungen*

1. Zur Phänomenologie der Liebe

Liebe ist nicht gleich Liebe. Sie ist »so rätselhaft und
unbezwingbar«[1], so beglückend und dennoch so verwirrend, daß wir im Leben damit die meisten Probleme haben. Die menschliche Liebe hat viele Formen und Facetten. Hier einige Beispiele: Da ist die Mutter- und Vater-
liebe zu den Kindern, oder die Geschlechterliebe zwischen Mann und Frau, die in und außerhalb der Ehe, in
der Paargemeinschaft soviel Gutes, aber auch Qualvolles
bewirken kann. Da ist weiterhin die gleichgeschlechtliche
Liebe von Mann zu Mann oder von Frau zu Frau — ein
Phänomen, womit unsere Gesellschaft (und insbesondere
ein moralisierendes Christentum) nicht besonders gut
umgehen kann. Wir kennen, zumindest vom Hören, die
heroische Form der Nächstenliebe (der *caritas*), wie sie
in Mutter Theresa, in P. Maximilian Kolbe, in Mahathma
Ghandi oder in Franz von Assisi bleibende Nachwirkung
auf die Menschheit haben. Außerdem erleben und erfahren wir kraft des Glaubens auch die göttliche Liebe, deren Verkörperung wir Christen in der Person Jesu Christi
erblicken. Wir kennen die freundschaftliche Liebe und
wir kennen, wenn wir sensibel genug sind, die starke
Liebesempfindung, die die Schönheit eines Musikstückes
in uns hervorruft.

---

[1] Titel eines Heftes der Zeitschrift »Publik-Forum-Extra« zum
Thema »Liebe«, 1990.

Liebe, in welcher Form auch immer, liegt unserem Herzen sehr nahe und ist das zentrale und eigentliche Geheimnis eines jeden Menschen. Diese *Glaubensaussage* können am besten diejenigen nachvollziehen, die fest davon überzeugt sind, daß sowohl das Leben schlechthin als auch das Leben eines jeden Menschen kein bloßer Zufall, sondern letztlich das Geheimnis eines unendlich liebenden Schöpfers ist.

Die Liebe liegt unserem Herzen am nächsten. *Das Nächstliegende ist aber am schwersten zu sehen.* Wie schon erwähnt, gibt es vielfältige Formen der Liebe, die verschiedene Auslegungen zulassen. Ich möchte hier weitere Gesichtspunkte der vielfältigen Liebe betrachten.

Liebe ist einerseits ein *aktives Tun* von uns aus, eine geistige Kraft und Energie (»wir üben Liebe«); geht dieses Tun von mir aus — bin ich der Liebende. Unter Umständen, wenn ich eine gewisse Stufe der Reife erreicht habe, bin ich der Liebende, der unabhängig davon, ob er auf Resonanz trifft, eine unerklärbare *Verzauberung* und beglückende Veränderung erlebt. Es bedarf großer Reife und Selbstdisziplin, auch ohne Aussicht auf Erfüllung Liebender zu bleiben. Andererseits aber *überkommt* uns die Liebe, so daß wir ein *Herausgerissensein* aus dem Alltag erleben: Wir sind dann die Geliebten. Liebe ist weiterhin eine *Regung und Empfindung*, die aufs Haben und Genießen aus ist — sie will dann die geliebte Sache und/oder Person besitzen. Liebe ist aber auch »eine Gebärde der selbstvergessenen *Hingabe* und des Schenkens, die gerade ›nicht das Ihre sucht‹«[2]. Außerdem sprechen

---

[2] Josef Pieper: Lieben, Hoffen, Glauben; München 1986, S. 44. Aus diesem Werk habe ich wichtige Gedanken und Einsichten übernommen. Piepers Klarheit ist wie ein Lichtstrahl.

wir — theologisch oder in der Sprache der Mystiker — von Gott als *Liebe* schlechthin — das ist die Agape-Liebe: eine souveräne, heilende, frei geschenkte göttliche Liebe, wie sie nur in wenigen Menschen erkennbar ist. Hinzu kommt, daß das Reizwort »Liebe« allzu oft nur eine »Pfütze« von *Sentimentalität*, rosige und flache Romantik und Nervenkitzel bedeutet.

In der Tat, es ist verwirrend, wenn man das vielfältige Phänomen der menschlichen Liebe sieht, spürt und bei sich selbst erfährt. Angesichts der Verwirrung stellt sich die Frage: Gibt es etwas Gemeinsames in den vielfältigen Formen der Liebe? Gibt es einen Wesenszug der Liebe, der in allen Gestalten der Liebe vorhanden ist?

Eine erste Antwort, die später noch ergänzt werden soll, lautet so: »In jedem denkbaren Fall besagt Liebe soviel wie Gutheißen. [...] Gut, daß es das gibt; gut, daß du auf der Welt bist.«[3] Dieses Gutheißen meint und ist eine Willensäußerung, die besagt: »einverstanden sein, beipflichten, Billigung, Beifall, Bejahung, Lob.«[4] Wem das nicht klar sein sollte, der versuche sich zu testen: Was will ich eigentlich, wenn ich liebe? Was geschieht mit und in mir, wenn ich ein Liebender bin?

Der große Lehrer des christlichen Abendlandes Thomas von Aquin sagt: »Das Erste, das ein Liebender ›will‹, ist, daß der Geliebte existiert und lebt. ›Das Ich, das liebt‹ will vor allem die Existenz des Du.‹«[5] Anders formuliert: Liebe ist »eine Parteinahme für das Dasein des Geliebten« (Alexander Pfänder).[6] Und zumindest der *Intention* nach will jeder Liebende, daß der Geliebte für

---

3   Idem, S. 44–45.
4   Idem.
5   Idem, S. 49–50.
6   Zitiert nach Pieper, idem, S. 50.

immer gut lebt. In der Literatur gibt es genügend — übrigens sehr unterschiedliche — Ansätze, die dahingehend konvergieren, daß die menschliche Liebe existenzsetzende Kraft besitzt, das heißt, eine Kraft ist, die Existenz aufblühen läßt. Das kann jedem einleuchten, der sich einmal als der Geliebte erlebt hat.

In Wirklichkeit gibt es kein solches Ding wie »Liebe«, es gibt nur den Akt des Liebens.[7] Wenn ich einfach nur von »Liebe« spreche, meine ich zunächst — in Anlehnung an Erich Fromm — eine *Beziehung* vom Ich zum Du/Es, die im Tun und Lassen, im Geben und Nehmen, in Hingabe und Rückzug, in Nähe und Distanz sich ereignet.

Liebe ist also eine *Aktion*, ein *Ereignis*, eben ein *Akt des Liebens* und demnach »ein produktives Tätigsein; es impliziert für jemanden (oder etwas) zu sorgen, ihn zu kennen, auf ihn einzugehen, ihn zu bestätigen, sich an ihm zu erfreuen ... Es bedeutet, ihn (sie, es) zum Leben zu erwecken, seine (ihre) Lebendigkeit zu steigern. Es ist ein Prozeß, der einen erneuert und wachsen läßt.«[8]

Diese Sichtweise — von der Liebe als Akt des Liebens und als Prozeß zu reden — wird von der menschlichen Erfahrung gedeckt. Keiner kann ernsthaft behaupten, er sei *die* Liebe schlechthin. Wir lieben fragmentarisch, bruchstückhaft, begrenzt und unvollkommen, so gut wir können. Wir vollziehen den Akt des Liebens nicht unbedingt heroisch, sondern meistens mittelmäßig. Wir ahnen, daß Liebe das eigentliche Leben ist, und daß ein Leben ohne Liebe nur als Vegetieren bezeichnet werden

---

[7] Vgl. Erich Fromm: Haben oder Sein. Die seelischen Grundlagen einer neuen Gesellschaft; München 1982, S. 52.
[8] Idem.

kann. (Deshalb geben wir uns immer wieder Mühe, dennoch irgendwie zu lieben.) Doch wer sich auf den Akt des Liebens einläßt und sich radikal und vorbehaltlos einem Menschen hingibt, wer also als Liebender das schöne Risiko zu lieben auf sich nimmt, der kann an der Liebe vielfältige Tode sterben: den Tod verbrauchter Gefühle, ebenso wie den Tod ethischer Selbstüberforderung. Er kann aber auch Glück, Erfüllung und Seligkeit erleben. Beide Aspekte gehören zum menschlichen Bereich des Liebens dazu. Jeder hat — zumindest im Ansatz — die Fähigkeit zu lieben, und jeder kann wahrscheinlich sagen, zumindest einmal sei es ihm schon gelungen, so zu lieben, daß er nicht nur sich selbst, sondern auch den anderen meinte. Damit ist auch gesagt, daß in jeder Liebe auch ein Stück *Selbstliebe* ist, was noch ausführlich gezeigt werden muß.

Kehren wir zu der Frage zurück: Was will ich, wenn ich liebe und wenn ich dem anderen sage, gut, daß du da bist? Das erste, was ich als Liebender will, ist, daß der Geliebte lebt — gut lebt.

Das *Zweite*, das in allen Deutungen der Liebesintention gesagt wird, ist, daß das Schöpferische — jene existenzsetzende Kraft, von der vorhin die Rede war — zum Wesen der Liebe gehört; Liebe will *creatio* (Erschaffung). Im strikten Sinn aber ist es Gott allein, »der im Akt der Erschaffung, aller denkbaren menschlichen Liebe voraus und zuvor gesagt hat: Ich will, daß du seist; es ist gut, ›sehr gut‹ (Gen. 1, 31), daß du existierst. Er *hat* ... zugleich mit dem Dasein auch das Gutsein, und das heißt, das Liebenswertsein und die Bejahbarkeit eingesenkt.«[9] Deshalb ist menschliche Liebe immer schon und unver-

---

[9] Pieper 1986, a.a.O., S. 53.

meidlich ein *Nach*vollzug und eine Art Wiederholung der absolut schöpferischen und vollkommenen Liebe Gottes. Jeder Liebende kennt das, und zwar *vor* aller Reflexion, sozusagen unbewußt, in einer Form der tiefen Ahnung. Wie sonst könnte man verstehen, »daß schon die allererste Liebesregung ein Element von Dank enthält?«[10] Der Liebende ist dankbar. Dankbar sein heißt aber: auf etwas Antwort geben, was ich von außen empfange. Im Dank antwortet der Liebende auf die Erfahrung des Verwiesenseins auf etwas Vorausliegendes, »in diesem Fall freilich auf einen größeren Weltbezug, der den Bereich der unmittelbaren Empirie offenbar übergreift«[11].

Damit haben wir das Phänomen der Liebe noch nicht ganz beschrieben. Wir müssen ein »Aber« hinzufügen. Die menschliche Liebe ist zwar ein Nachvollzug der schöpferischen und frei geschenkten Liebe Gottes, *aber* sie ist *mehr* als ein bloßes Wiederholen und Nachvollzug; in der menschlichen Liebe »geschieht zugleich eine Fortsetzung und in bestimmtem Sinn sogar eine Vollendung«[12] dessen, was in der Erschaffung begonnen wurde. Das eigene Existieren besagt aus dem gläubigen Verständnis nichts anderes als Geliebtsein durch den Schöpfer. Man könnte auch sagen: Meine eigene Existenz ist der »Beweis« für mein *Urgewolltsein.* So paradox es auch klingen mag: Es reicht aber nicht aus, nur von Gott geliebt zu werden, sondern *wir brauchen die ausdrückliche Bestätigung und Bereicherung unserer Existenz durch die kreative Liebe eines anderen Menschen.* Die Erfahrung des Geliebtseins, das wohltuende Erleben der

---

[10] Idem, S. 54.
[11] Idem.
[12] Idem.

Liebe eines anderen setzt fort und vollendet in gewissem Sinn die mit dem Erschaffensein gegebene göttliche Liebe.

Haben wir bisher in erster Linie vom Standpunkt des Liebenden das Phänomen »Liebe« betrachtet, so gilt es nun vom Standpunkt des Geliebten her dieses geheimnisvolle Phänomen anzuschauen. Der Geliebte ist derjenige, der die Liebe zu sich kommen läßt, der Liebe-Empfangende. Als Geliebter erlebe ich mit unumstößlicher Gewißheit, daß das bloße »Existieren«, das ich »sowieso« und »ohnehin« tue, erst in der Freude der Liebe bzw. des Geliebtwerdens das klare und helle Gefühl in mir erzeugt: Es ist gut, da zu sein. Selbst Jean-Paul Sartre, von dem man aufgrund seiner Existenzbetrachtung etwas ganz anderes erwartet, sagt in seinem philosophischen Hauptwerk (»L'Être et le Néant«): »C'est là le fond de la joie d'amour …: nous sentir justifiés d'exister.« Das heißt: »Dies ist in der Freude der Liebe Kern: Wir fühlen uns darin gerechtfertigt, da zu sein.«[13] Der Mensch gelangt durch die Liebe des anderen dahin, sich zu Hause zu fühlen in dieser Welt. Dieser Satz soll ergänzt und präziser gesagt werden, und zwar so: »Der Mann gelangt durch die Frau (*durch die Liebe der Frau* — O. Zs.) zum Verstehen seiner selbst, der Welt und des anderen. […] Allein die Frau ist fähig, dem Mann sein männliches Wesen zu enthüllen, indem sie sich ihm in ihrer weiblichen Wirklichkeit offenbart.«[14] Und dies gilt natürlich auch umgekehrt, so daß wir sagen können: Allein der Mann ist

---

13 Zitiert nach idem, S. 56.
14 François Chirpaz, in Farkas Attila: Az emberi nemiség; Budapest, Vigilia 1972/3, S. 147.

fähig, der Frau ihr weibliches Wesen zu enthüllen, indem er sich ihr in seiner männlichen Wirklichkeit offenbart.

Kraft der Liebe, und vor allem in der Erfahrung des Geliebtwerdens, ist der Mensch fähig, die Gefährdungen einzuschränken und sein Leben human zu entwerfen. Mit großer Wahrscheinlichkeit läßt sich behaupten, daß »die Fähigkeit, selber zu lieben, ... die Erfahrung des Geliebtseins durch jemand anders«[15] voraussetzt.

Fragen wir nun ganz genau: Was geschieht eigentlich überall, wo geliebt wird? Was ereignet sich da, wo der Akt des Liebens vollzogen und durchgehalten wird? Was will eigentlich der Liebende? Was meint eine liebende Person, wenn sie dem Du sagt und es ehrlich meint: Ich liebe Dich?

Wir betrachten das Geschehen abwechselnd vom Standpunkt des Liebenden und des Geliebten. Was in den vielfältigen Formen der Liebe zunächst auffällt und gleich verwirrend wirkt, vor allem dann, wenn wir unsere eigene Liebeserfahrung in Betracht ziehen, ist eine merkwürdige Unwissenheit darüber, weshalb einer gerade diesen Menschen — und nicht einen anderen — liebt. Man stelle sich vor: Zwei Menschen, jeder für sich eine geschlossene »Ganzheit« (und doch ergänzungsbedürftig), treffen aufeinander. Es sind zwei Freiheitsgeschichten, die aus verschiedenen Voraussetzungen erwachsen und so geworden sind, wie sie sind. Ihr Schicksal als ihr Lebensweg ist innerlich und äußerlich verschieden geprägt. Der eine ist stärker, der andere schwächer; der eine ist jünger, der andere älter ... usw. Die Verschiedenheit und die Andersheit herrscht zwischen den beiden. Und nun

---

[15] Pieper 1986, a.a.O., S. 59.

findet eine Begegnung statt, es passiert etwas mit den beiden und plötzlich oder langsam wachsend, ist etwas Neues da: die Einheit der Liebe.

Möglicherweise werden die beiden gar nicht oder nicht so genau antworten können, würde man sie fragen, wie es zu der Einheit der Liebe oder wie es dazu kam, daß sie von nun an gemeinsam den Lebensweg gehen wollen.

Vielleicht haben sie sich gesehen und anschließend still miteinander eine Zeit verbracht, oder sie haben miteinander gesprochen. Vielleicht haben sie sich lieb angeschaut und mit den Augen geliebt. Die Zwei haben wahrscheinlich im Anschauen Gefallen aneinander gehabt. Die Stimme, die Haarfarbe, das Lächeln, die Augen, das Aussehen, die Bewegung, die Gangart … des anderen hatten etwas Faszinierendes und dann war »es« auf einmal da — die Liebe. Sie kam zu den beiden. Vorher haben sie sich nicht gekannt oder sie sahen sich nur und waren trotzdem nur »nebeneinander« oder sie haben etwas »zusammen« unternommen. Jetzt aber, nach dem Ereignis der Liebe, *sind sie miteinander.* Und sie staunen darüber — über die Vertrautheit, die sie plötzlich in der Liebesbegegnung miteinander erleben. Ja, der Liebende/ die Liebende staunt, daß er/sie gerade diesen Menschen und nicht einen anderen liebt, obwohl andere klüger, schöner, angenehmer, anziehender usw. scheinen. Sicher, die äußere Erscheinung spielt mit, oft ist sie entscheidend für den Anfang, aber das Eigentliche der Liebe vermag sie nicht zu erzeugen. Entscheidender ist das innere Gesicht eines Menschen, das, was wir nur mit dem Herzen wahrnehmen können: seine Geduld, seine Wärme, seine ergreifende Ruhe und Stille, seine Verläßlichkeit, seine Güte und Zärtlichkeit. Doch auch das Wahrnehmen dieses inneren Gesichts macht das Wesen der Liebe nicht aus. Viktor E. Frankl würde sagen, solange ich von den Eigenschaften eines Menschen in meiner seelischen Emotionalität angeregt bin, bin ich im Zustand der Verliebtheit, aber noch nicht auf der Stufe der eigentlichen Liebe. Jedermann dürfte einleuchten: »Wenn eine ›Liebe‹ in dem Augenblick endet, da auf seiten des Partners bestimmte Qualitäten (Schönheit, Jungsein, Erfolg) verschwinden, dann hat sie schon von Anfang an nie existiert.«[16] In einer Phänomenologie der eigentlichen Liebe muß dieser Gesichtspunkt deutlich herausgestellt werden. Damit ist auch ein Kriterium genannt, mit dessen Hilfe man prüfen kann, ob Beziehungen, die dem Anschein nach in »Liebe« beginnen und dann früher oder später absterben, wirklich von der eigentlichen Liebe oder nur von der Verliebtheit geleitet wurden. — Ich komme auf des Wesen der eigentlichen Liebe zurück.

Das ganzheitliche Wahrnehmen des So-seins des anderen, seine Bejahung und das Streben, das Beste im anderen zu fördern, ohne ihn, wegen seiner Schattenseiten abzulehnen, sowie der Wunsch, daß er immer lebt und blüht — *das macht den Kern der eigentlichen Liebe aus.* Die eigentliche Liebe dringt bis zur geistigen Person vor. Der wahrhaft Liebende sieht und erschaut den anderen wie er ist. Er sieht auch die Möglichkeiten, die in ihm verborgen sind und möchte sie zu Tage fördern. »Er ist, wie er ist und ich liebe ihn so, wie er ist« — etwa in dieser Form äußert sich die Liebende. Und weiter: »Ich werde ihn auch lieben, selbst wenn eine Krankheit oder ein Unfall seine Schönheit zerstört, seine Intelligenz und Zurechnungsfähigkeit abschwächt oder gar vernichtet. Ich werde

---

[16] Idem, S. 96.

ihn lieben, wenn er arbeits- oder erfolglos ist. Dann werde ich ihn sogar mehr denn je lieben.«

Offenkundig handelt es sich bei dieser Art von Liebe um die Ganzheit des So-seins des geliebten Menschen und um das, was er noch werden kann. Es handelt sich nicht nur um seine Gegenwart, sondern auch um das, was da mit ihm und in ihm kommen wird. Nicht ein Teilbezirk, nicht etwas an ihm, sondern *er als er selbst*, sein ganzes Dasein wird geliebt: sein Dasein als Vergangenheit, sein Dasein als Gegenwart und sein Dasein als Zukunft. In dieser liebenden Einstellung, in dem ausgehaltenen Akt des Liebens (das ist Treue) stoßen wir zu jenem »Ort« vor, wo die Person als Person existiert. Diese Person wird geliebt, weil sie *sie* ist, weil der Liebende ihr Ich sucht. Er sucht die Einmaligkeit, die Einzigartigkeit und die Andersheit dieser Person. Er wird ihr schließlich sagen: »Es ist gut, daß du *Du* bist.« Ist das nicht ein Geheimnis? Und ist so etwas Ursprüngliches erzwingbar oder einzufordern, wie wir das immer wieder versuchen auf Grund von Erwartungshaltungen?

Viktor E. Frankl schreibt: »Die geistige Person als Gegenstand der eigentlichen Liebeseinstellung ist also für den wirklich liebenden Menschen unvertretbar und unaustauschbar, weil einmalig und einzigartig.«[17] Und weiter heißt es: Im Lieben nimmt der Mensch »die Einzigartigkeit und Einmaligkeit des Partners in sich hinein. In der gegenseitigen Hingabe der Liebe, in diesem einander Geben und Nehmen, kommt jedoch gleichzeitig die eigene Persönlichkeit zur Geltung. Die echte Liebesintention dringt also bis zu jener Seinsschicht vor, in der jeder einzelne Mensch nicht mehr irgendeinen ›Typus‹

---

17 Viktor E. Frankl: Ärztliche Seelsorge, a.a.O., S. 172.

darstellt, sondern nur mehr sein eigenes einziges Exemplar, unvergleichlich und unvertretbar und ausgestattet mit der ganzen Würde solcher Einzigartigkeit. Diese Würde ist die Würde jener Engel, von denen einzelne Scholastiker behaupten, sie seien dem ›principium individuationis‹ nicht unterworfen, sie repräsentieren daher nicht je eine Sorte, vielmehr sei jede Sorte eben nur in einem einzigen Exemplar vertreten. Wenn die echte Liebeseinstellung das Gerichtetsein einer geistigen Person auf eine andere darstellt, dann ist sie auch der einzige Garant für die Treue. Aus der Liebe als solcher resultiert sonach ihre Dauer in der empirischen Zeit.«[18] Soweit Frankl. Seine Ausführungen haben weitreichende praktische Konsequenzen für die partnerschaftliche Liebe, von denen hier einige bedacht und mit dem Herzen betrachtet werden sollen.

Erstens: Wenn ich jemanden zu lieben begonnen habe, so sollte ich die Einzigartigkeit und Einmaligkeit des Partners in mich hineinnehmen. Diese an sich (fast) selbstverständliche Einsicht in die Praxis umzusetzen, ist alles andere als leicht. Sie macht uns Mühe auch nach zwanzig Ehejahren. Bis zu einem gewissen Alter und vor allem bei Menschen, die sich das erste Mal verlieben, ist es oft so, daß sie meinen, schon am Anfang der Liebesbeziehung die Einzigartigkeit und Einmaligkeit des Partners erfaßt zu haben. Später dann im Alltag des Zusammenlebens merken sie die dunklen und schwierigen Seiten des Partners und schrecken davor zurück. Plötzlich empfinden sie die bisher liebenswerten Eigenschaften des Partners als nicht mehr gut genug, um bei ihm auszuharren. Die daraus entstehende erste Konsequenz ist oft, daß

---

[18]   Idem, S. 181.

man sich vom Partner abwendet und eine andere Beziehung sucht in der Hoffnung, daß der neue Partner besser und erträglicher sein wird als der alte. Ich möchte nicht bestreiten, daß ein solcher Schritt *in concreto* gut und richtig sein kann. Hervorheben will ich dennoch, daß man in ungeduldiger Abwendung vom Partner sich selbst die Chance nimmt, zur Einmaligkeit und Einzigartigkeit des anderen vorzudringen. Außerdem ist es gar nicht so sicher, daß der neue Partner in jeder Hinsicht vollkommen ist. Er wird vielleicht die schlechten Eigenschaften des früheren Partners nicht haben, dafür aber wird er wohl andere »Macken« haben, die auf einer anderen Ebene »unerträglich« sind. Das Risiko sich auf den anderen ganz einzulassen, wird uns nicht erspart.

Bedenken wir genau: Niemand beginnt jemanden zu lieben, ohne die Liebenswürdigkeit des anderen erkannt zu haben. Ich muß irgendwie das Gut*sein* (=Liebenswürdigkeit) des anderen *vorher erkannt* haben, um ihn lieben zu können. Wenn ich später auch Schattenseiten meines Partners erkenne, so bedeutet das nicht, daß er nicht mehr gut ist, sondern es bedeutet nur, daß der andere meine Liebesfähigkeit herausfordert, indem er gerade und trotz seiner Schattenseiten geliebt und angenommen werden möchte. Das ist auch der Durchbruch, den der Liebende zu leisten hat, wenn er ein wahrhaft Liebender ist. Das ist die erste und unerläßliche Verwandlung von der anfänglich stark erotischen Liebe zur partnerschaftlichen Liebe. Diese letztere bleibt zwar weiterhin erotisch gefärbt (und das ist gut so!), aber sie erfährt durch den geleisteten Durchbruch eine Vertiefung in Richtung Nächstenliebe. Darüber wird noch später die Rede sein.

Zweitens: Die gegenseitige Hingabe in der Liebe, das Geben und Nehmen, haben ihren eigenen Rhythmus. Und das ist etwas Musikalisches, das über Sensibilität, Geduld und Takt hinaus noch eine andere fundamentale Voraussetzung impliziert, nämlich: das Vertrauen. Im »Vertrauen des Herzens« (Frère Roger) entfaltet sich eine Liebesbeziehung, sonst wird sie immer wieder Rückschläge erleiden. Dieses Vertrauen, das sich die Liebenden aneinander schenken, ist eine Art »Vorschuß«, eine Leistung des Geistes und des Herzens. Es besagt: »Ich kenne dich zwar nicht ganz und in jeder Hinsicht, aber ich bin bereit, dir zu vertrauen und auch deine dunklen Seiten anzunehmen.« Es ist nicht nötig zu betonen, daß dieser Vertrauensakt ein unerläßliches Fundament jeglicher Liebesbeziehung ist — auch auf die Gefahr hin, daß wir Enttäuschungen und Frustrationen ernten werden.

Drittens: Die einzige Garantie für die Treue ist darin gegeben, daß ich als geistige Person auf eine andere geistige Person gerichtet bin. Das Gerichtetsein auf die geistige Person, auf jenen »Ort«, wo der andere als er selbst existiert, erfolgt aus der echten Liebeseinstellung. Diese reife Stufe der Einstellung ist nie genug reif. Sie bleibt immer eine Aufgabe — genauso wie die Treue. Ich stimme überein mit Ellmar Gruber, wenn er schreibt: »Treue ist die Tugend, die durch Trauen und Vertrauen entsteht. Ich kann nur dort und nur dann treu sein, wo und wenn ich mich absolut und ganz angenommen und verstanden weiß.« Es muß »Entscheidungen geben (z.B. zur Ehe oder Ehelosigkeit), in denen ich bedingungslos und ganz mein Leben einsetze und riskiere; sonst kann ein Menschenleben nicht gelingen. Ich muß meine Entscheidungen mit allen Konsequenzen durchziehen. Nur dann kann es sich klar und sicher herausstellen, daß mein Lebensweg unter Umständen eine ganz andere Richtung nimmt als die ursprünglich angestrebte und vermutete. Dann kann es auch geschehen, daß ich treu bleibe, wenngleich man mir — äußerlich gesehen und gemessen an den ›normalen‹ Maßstäben — Untreue vorwerfen kann. Treue ist immer Treue zu sich selbst. Auf den Menschen kann ich mich am meisten verlassen, der sich selbst treu ist.«[19] Ja, in einer wirklichen Liebesbeziehung möchte der Mensch ganz angenommen werden und sich verstanden wissen — auch dann noch, wenn er Fehlentscheidungen trifft und Fehltritte macht; auch dann noch, wenn er gegenüber dem anderen schuldig wird.

Im übrigen handelt es sich bei dieser Form der Liebe um einen gegenseitigen Seinsaustausch, um ein Mit-sein, um ein miteinander ein Wir-sein, so, daß beide Menschen sich gegenseitig sagen, zeigen, mitteilen: »Es ist gut, daß du Du bist.« Daß es dabei im menschlichen Bereich um eine *prozeßhafte Entfaltung* der Liebesfähigkeit geht, daß das Erreichen dieser reifen Stufe der Liebe viel Zeit, Mühe und Geduld kostet, muß — gerade angesichts der vielen Enttäuschungen, die Liebespaare miteinander erleben — immer wieder betont werden. Dieser Aspekt hat eine wichtige *therapeutische* Bedeutung, worüber hier in Kürze gesprochen werden kann. Es geht um folgendes: In der Ehe- und Paarberatung wird oft (meistens von den Frauen) beklagt, daß dieses »Wir-sein« im Gefühl nicht ausreichend da ist; und in einer Beratung muß man in der Tat diesem Problem — von Fall zu Fall — nachgehen. Aber man muß das Paar auch darüber aufklären können, daß

— ein Mann auf eine andere Weise liebt als eine Frau,

---

[19] Ellmar Gruber: Laß Schaf und Wolf zusammen in dir wohnen; München 1991, S. 19–20.

— eine Frau auf eine andere Weise liebt als ein Mann,
— der Mensch durch alle Stockwerke und Dimensionen
seines individuellen Lebens und bis in den Stil seines
Denkens und Empfindens hinein eben *als* Mann oder
als Frau liebt und lebt,
— Weite (eher männliche Eigenschaft) und Nähe (eher
weibliche Eigenschaft) *polar* zusammengehören ...

Solange wir nicht begreifen und innerlich akzeptieren,
daß es in der Beziehung der Geschlechter eben zwei Ar-
ten und Weisen der Liebe gibt, die trotz ihrer Verschiedenheit *gut* sind, solange werden wir nicht aufhören, ge-
geneinander anzukämpfen. Wie haben wir gesagt? Jemanden lieben heißt, ihm zu sagen: Gut, daß es dich gibt!
Beinhaltet dies nicht auch den anderen Satz: Ich bejahe
dein *Sosein?* Eben deine Art zu sein und zu lieben? ...
Man muß hier allerdings vor einem möglichen Mißver-
ständnis warnen. Das *Sosein* des anderen bejahen und
lieben ist nicht dasselbe »wie unterschiedslose Billigung
all dessen, was der geliebte Mensch empirisch-faktisch
denkt und tut«[20]. Denn in konkreten Liebesbeziehungen
muß man sich immer wieder gegenseitig kritisieren und
korrigieren. Aber gerade in der Paarbeziehung geht es
darum, den anderen nicht nur als Geschlechtspartner,
sondern *auch* als den Nächsten zu lieben und zu bejahen;
und das heißt: »ihn so annehmen und so sein lassen, wie
er ist, (und) nicht, wie ich ihn haben will«[21]. In der Geschlechterliebe würde eine solche — nicht selbstverständliche — Sichtweise viel Zwang und Erwartungshaltung
lockern. Was spricht letztlich dagegen, daß Eheleute und

---

[20] Pieper 1986, a.a.O., S. 73.
[21] Ellmar Gruber, a.a.O., S. 15.

Paare im anderen auch den Nächsten erblicken und ihn auch als solchen lieben?

Es kann unter Umständen gut zutreffen, daß ich das deshalb nicht schaffe, weil ich *mein* Sosein noch nicht ganz akzeptieren kann, weil ich mit mir selber nicht versöhnt bin, weil ich mich selbst nicht richtig liebe. (Gründe dafür wären z. B. mangelndes Selbstwertgefühl, Tendenz zur Depression, existentielle Angst, das andauernde Gefühl der Sinnlosigkeit, des Nicht-wichtig-Seins.) Denn alle Liebe beginnt bei sich selbst — so sagt schon Thomas von Aquin. Diesen Satz kann und muß man ergänzen: *Alle Liebe beginnt bei sich selbst, zielt auf ein Du und vollendet sich im Wir.* Man muß aber genau erfassen, was da ausgesagt wird. Es geht nicht um eine selbstische, egozentrierte und egoistische »Liebe«, sondern es wird gesagt, daß alle Liebe (Thomas verwendet den Ausdruck »omnia caritas«) von Natur aus bei sich selbst ihren Ausgangspunkt nimmt, weil jeder Mensch mit sich selber eins ist; »und dieses Eins-*sein* ist mehr als das Eins-*werden* mit einem anderen«[22]. Nachdem aber die Liebe bei sich selbst begonnen hat, will sie sich mitteilen, sie zielt eben auf ein Du und möchte dessen Einzigartigkeit und Einmaligkeit erfassen. Dieses Auf-ein-Du-Hinzielen der Liebe ist erfahrungsgemäß ein langer Prozeß, in dem auch die sogenannten Projektionen stattfinden. Ich projiziere mein Ich (= meine Erwartungen, meine Wünsche, meine Bedürfnisse, meine Mängel, meine Unvollkommenheit) auf ein Gegenüber (Du), erwarte von ihm Verständnis und Erfüllung und denke, daß ich auch schon dieses Du erreicht habe. Doch das ist nur *eine* Phase, eine wichtige Phase sogar der anfänglichen Liebe; aber sie

---

[22] Pieper 1986, a.a.O., S. 134.

muß überwunden werden, indem ich die Projektionen zurücknehme, um dann in einer zweiten Phase wirklich zum Du des anderen vorzudringen. Diese Phase kann kürzer oder länger andauern. Und erst dann kommt, wiederum prozeßhaft, die Erfüllung und Vollendung im Wir. (Wieviel Geduld und Mühe das *in concreto* verlangt, weiß nur derjenige, der sich auf das schöne Risiko des Liebens radikal eingelassen hat.)

Die ursprüngliche Tendenz der Liebe — nämlich: die Einswerdung zweier Menschen — setzt voraus, »daß die Verschiedenheit und Selbstständigkeit der Glieder dieser neuen Einheit dennoch bestehen bleibt...; wie Jules Michelet es elegant formuliert: *Pour s'unir il faut rester deux,* um eins zu werden, muß man zwei bleiben«[23]. Und das ist eine *unaufhebbare Paradoxie* der Liebe selbst, die sich gerade in der Geschlechterliebe so stark manifestiert, daß wir die Heterogenität unserer Partnerschaft(en) nicht als eine bipolare Ganzheit sehen können. Beide wollen die Einswerdung, sowohl der Mann als auch die Frau. Aber: Er ist außen — sie ist innen; er sucht die Weite — sie sucht die Nähe. Er ist erwerbend — sie ist bewahrend. Er will auch im Wir (in der Einswerdung) ein Ich sein — sie will im Wir aufgehen.

Wie schön und wahr Khalil Gibran formuliert, wenn er in seiner Meditation »Von der Ehe« sagt:

»Ja, ihr (die Ehepaare) werdet selbst im stummen Gedenken Gottes zusammen sein.

Aber laßt Raum zwischen euch.

Und laßt die Winde des Himmels zwischen euch tanzen.

Liebt einander, aber macht die Liebe nicht zur Fessel:

---

23   Idem, S. 145.

Laßt sie eher ein wogendes Meer zwischen den Ufern eurer Seele sein.

Füllt einander den Becher, aber trinkt nicht aus einem Becher.«[24]

Nach diesem kleinen Exkurs kehre ich zurück zur Phänomenologie der Liebe. Wir haben gesehen: Liebe ist die Einheit zweier Menschen im Wir. Das ist ein seinshaftes Wir, ein neuer Wesensraum, in dem ein Ich und ein Du sagen: *Wir*. In diesem Wir-Sprechen der Liebenden wird ein *Ort der Intimität* erschaffen. »Die ganze Welt erhält eine Dimension der Tiefe. Dieser neue Wesensraum ist nicht einfach ›gegeben‹: Er entsteht als Funktion der freien Selbstschenkung. Er entspringt der Haltung und dem Streben, die andere Person nicht wie einen Besitz, wie ein Ding zu behandeln. Die Liebe vollzieht sich unter dem Zeichen der ›Ohnmacht‹. Sie verzichtet auf jeden ›Zu-Griff‹ und flieht jeden Drang nach Versklavung des andern. Im Gegenteil, sie bietet an. Und was sie anbietet, ist nicht dies oder das, sondern ›sie selbst‹; im Grunde schenkt sie nicht den Leib, nicht die Talente, Eigenschaften, Reichtümer oder sonst was ›Gehabtes‹, sondern das Eigentlichste der Person, ihr Ich. In diesem reinen Schenken wird der Mensch dann zum Beschenkten. Der andere öffnet, schenkt sich ebenso, und das ist Gnade.«[25] Nur wer sich auf den Akt des Liebens wirklich eingelassen hat, weiß, welche Voraussetzungen dazu gehören, zu lieben und sich lieben zu lassen.

---

[24] Khalil Gibran: Der Prophet; Olten–Freiburg 1991, S. 15.
[25] Ladislaus Boros: Der anwesende Gott. Wege zu einer existentiellen Begegnung; Olten–Freiburg 1972, S. 20.

Die in diesem Sinne gemeinte *Liebesfähigkeit* zeigt sich in der Begegnung mit dem Anderen.

Kann ich ihm so begegnen, daß der Andere seine eigene Welt mitbringt, daß er mit seinem eigenen So-sein und in seinem unverwechselbaren Eigenwert »da« sein kann, daß er mit seinem Anders-sein bei mir ankommt, bin ich in der Einübung der Liebesfähigkeit sehr weit gekommen. Eine Überlegung aus der philosophischen Anthropologie kann das Gesagte vertiefen:

Zur menschlichen Weise, zu sein, gehören das Erkennen, die freie Entscheidung und das Lieben. *Erkennen* bezieht sich im Horizont der Wahrheit auf das, was ist. Erkennen ist demnach Sein-beim-Anderen in der Form des Bei-sich-Seins. Die *freie Entscheidung* bezieht und vollzieht sich im Horizont der Idee des Guten auf das, was sein soll. Und *Lieben* ist sowohl Erkennen als auch freie Entscheidung. Denn jemanden lieben bedeutet, daß man *zuvor* erkannt haben muß, daß dieser jemand wirklich liebenswert *ist*. Wenn es nicht unabhängig von meinem Sehen, Erkennen und Meinen *wirklich gut* ist, daß es den geliebten Menschen gibt, dann ist alles Gutfinden eben ein Irrtum, eine Illusion, eine Täuschung ein Wunschdenken.[26] Und so läßt sich sagen: Liebe erkennt das wirkliche Gutsein des anderen und entscheidet sich für ihn. Lieben ist Bei-sich-Sein in der Form des Seins-beim-Anderen.[27]

---

[26] Vgl. Pieper 1986, a.a.O., S. 86–88.
[27] Vgl. dazu Gerd Haeffner: Philosophische Anthropologie; Stuttgart–Berlin–Köln–Mainz 1982, S. 27.

2. Drei Reifestufen in der Liebe: sexuelle und erotische Einstellung, die eigentliche Liebe

Die Sinnhaftigkeit der menschlichen Existenz ist durch die Einzigartigkeit, Einmaligkeit und Unwiederholbarkeit der menschlichen Person fundiert. Es ist die Gemeinschaft, worauf menschliches Schaffen ausgerichtet ist. Denn erst in der gelebten Gemeinschaft (*»communio«*) erfährt der Mensch, daß seine Einzigartigkeit als Person ihren existentiellen Sinn gewinnt. (Es gibt allerdings noch eine Möglichkeit, sich seiner Einzigartigkeit und Einmaligkeit bewußt zu werden, nämlich durch die Musik. Diese Dimension kann hier nur erwähnt werden. Ihre ausführliche Erörterung erfordert ein weiteres Seminar.)

Wenn der Mensch auf die Gemeinschaft hin geschaffen ist, heißt das, daß er sich selbst nicht genügt, daß er allein als Individuum an sich und für sich nicht zurecht kommt. In der innigen Zweisamkeit eines Ich mit einem Du wird dem Menschen bewußt, daß ihm in seinem »Solo-Dasein« etwas fehlt.

Hier öffnet sich die Möglichkeit, zu zeigen, daß der Mensch als eine »körperlich-seelisch-geistige Totalität« (Viktor E. Frankl) sogenannte Reifestufen in der Liebe durchmacht. Wenn ich nur zum Körper des anderen einen Bezug habe, habe ich eine *sexuelle Einstellung* zu ihm. Der Begründer der Logotherapie schreibt: »Hierbei geht von der körperlichen Erscheinung der anderen Person ein sexueller Reiz aus, und er ist es, der im sexuell eingestellten Menschen den Sexualtrieb auslöst, diesen Menschen also in dessen Körperlichkeit affiziert.«[28]

---

[28] Viktor E. Frankl: Ärztliche Seelsorge, a.a.O., S. 168.

Grob formuliert: In dieser Einstellung erkennt der Mensch den anderen als einen bloßen Sexualpartner. Er erkennt nur die äußere Schicht der Person — nämlich deren Körperlichkeit.

Anders sieht es aus in der *erotischen Einstellung.* Hier dringt der erotisch eingestellte Mensch in die nächsttiefere Schicht des anderen ein, er dringt zum seelischen Gefüge (zur Psyche) der anderen Person vor. Er/sie sieht Eigenschaften des Partners/der Partnerin, die ihm/ihr gefallen, die ihn/sie anziehen, die er/sie mag. Vielleicht ist das die Phase der Verliebtheit. Viktor E. Frankl schreibt:
»Durch körperliche Eigenschaften des Partners werden wir sexuell erregt; in seine seelischen Eigenschaften jedoch sind wir ›verliebt‹. Der Verliebte ist also nicht mehr in seiner eigenen Körperlichkeit erregt, sondern in seiner seelischen Emotionalität angeregt — angeregt durch die eigenartige (aber nicht: einzigartige) Psyche des Partners, etwa durch bestimmte Charakterzüge an ihm. […] Die erotische Einstellung, die Einstellung der Verliebtheit, … ist auf das Psychische gerichtet; aber auch sie dringt nicht bis zum Kern der andern Person vor. Dies tut erst die dritte Form möglicher Einstellung: die eigentliche Liebe.«[29] Der mehr oder weniger flüchtige Gefühlszustand ist fast als Kontraindikation gegen eine Eheschließung anzusehen — meinen Frankl und Lukas. Letztere ist noch ein Stück präziser, wenn sie sagt, daß Partnerschaften dann »relativ wenig krisenträchtig sind, wenn beide Partner einander auf derselben Liebesstufe begegnen«. Partnerschaften seien optimal, »wenn die Begegnung auf

---

[29] Idem, S. 168–169.

der höchsten Stufe echter Liebe stattfindet«[30]. Die Stufen oder die Phasen bis zur echten Liebe sind jedoch oft Wege und Umwege der Liebe, die der Mensch gehen muß. Das Sich-Verlieben ist gut und notwendig, doch es ist keine Endstation. Sich-Verlieben heißt nämlich, daß ich überwiegend Liebenswertes und Schönes am anderen erkenne und davon fasziniert bin, weil bestimmte Anlagen in meinem eigenen Wesen spontan in Schwingung kommen. Wer würde leugnen, daß dieses beglückende Erlebnis eine der schönsten Erfahrungen ist, die es gibt? Die kann jedoch Krisen und Leid auslösen, je nachdem, in welcher Lebensphase einem so etwas widerfährt.

Fassen wir zusammen: Sexuelle Einstellung hat den Körper oder die Körperlichkeit des Partners zum Zielpunkt, sie bleibt in der körperlichen Schicht des anderen stecken. Man spricht hier von der körperlichen oder sexuellen Liebe.

Die erotische Einstellung dringt zu den seelischen Eigenschaften der anderen Person vor und liebt an ihr etwas, etwas »Gehabtes«. Auf dieser Stufe ereignet sich erotische Liebe oder Eros-Liebe.

Hier noch einige Bemerkungen zum Begriff *Eros:*
Eros ist:
— Sehnsucht und Begehren, Offenheit und Streben nach Erfüllung;
— Selbstbehauptung und zwar die höchste, edelste, sublimierteste;
— die Liebe des menschlichen Menschen — noch nicht die eigentliche Liebe;

---

[30] Elisabeth Lukas: Psychologische Vorsorge. Krisenprävention und Innenweltschutz aus logotherapeutischer Sicht; Freiburg 1989, S. 132.

- von der Qualität der Schönheit und dem Wert seines Gegenstandes bestimmt;
- strebende Liebe, d. h., daß die Eros-Liebe sich von der Schönheit und dem Wert seines Gegenstandes angezogen fühlt und ihn für sich haben möchte;
- Erkennen eines Wertes bei seinem Gegenstand und das daraus entstehende Verlangen, ihn zu lieben.

Die Eros-Liebe ist der Weg des Menschen nach oben, der Zug nach oben, der Weg des Menschen zu Gott. Obwohl der Eros aus sich selbst weder Freundschaft noch Agape-Liebe ist, so ist er doch ein Verlangen, eine Sehnsucht danach. Die Eros-Liebe ist eine unverzichtbare Vorbereitung auf die eigentliche Liebe, die nicht mehr das ihre sucht. Karl Rahner sieht im Eros »eine tiefgreifende Offenheit der menschlichen Person und das innerste Verlangen, das den Menschen fähig macht, die unverdiente Liebe Gottes zu empfangen. Die bedürftige Liebe — die Eros-Liebe — ruft nach der schenkenden Liebe, der Agape, obwohl dieses Verlangen erst dann erfaßt wird, wenn es erfüllt ist«[31].

Die denkbar höchste Form der *eigentlichen Liebe* heißt — *Agape*. Im strengen Sinne des Wortes kennzeichnet die Agape-Liebe nur Gott. Das heißt aber, daß damit mehr gemeint ist als die »eigentliche Liebe«, wie Frankl sie auffaßt. Die Agape-Liebe wäre sozusagen die vierte Stufe der Liebesfähigkeit, die von der Mehrheit der Menschen nicht erreicht wird. Dennoch muß man darüber sprechen, weil das Erlernen der echten Liebe »als das Erschauen des einzigartigen Wesens einer anderen Person« oder die Förderung der Liebesfähigkeit unter anderem auch da-

---

[31] Bernhard Häring, a.a.O., S. 423.

durch geschieht, daß man das Gespräch über das Wesen der menschlichen Liebe in Gang hält.[32] Auch die göttliche Dimension der Liebe muß an dieser Stelle wenigstens erwähnt werden.

Die Theologen des Neuen Testamentes haben in Jesus von Nazareth die Fleischwerdung der Agape erblickt. Die göttliche Liebe hat, so haben sie formuliert, in Christus menschliche Gestalt angenommen.

Wie sieht die Agape-Liebe aus? Hier einige dürftige Stichworte: Agape

— ist Opfer aus freier Entscheidung;
— steigt herab, sie kommt von oben nach unten;
— ist der Weg Gottes zu den Menschen;
— »sucht nicht das Ihre«, sondern sie gibt sich selbst hin;
— ist Selbsthingabe;
— ist die Liebe Gottes: »Gott ist Agape«;
— ist souverän ihrem Gegenstand gegenüber, sie gilt sowohl »Bösen wie Guten«, sie ist unmotivierte Liebe;
— *liebt* und *schafft* Wert bei ihrem Gegenstand;
— ist die schöne, barmherzige und ganzheitlich heilende Liebe, sie umfaßt die Kranken, die Armen und Verlassenen, und alle, die sich nicht geliebt wähnen.

Bernhard Häring schreibt: »Wir sehen die Agape, die höchste Form der Liebe, vor allem in der Perspektive von Gottes Initiative. Sie ist Geschenk seiner absoluten, freien und unverdienten Liebe. In dieser Sicht preisen wir ihn auch für unsere bedürftige Liebe, für den Eros, und für jene Stufen der Freundschaft, die uns empfänglicher machen für diese göttliche Liebe. Alle diese Kräfte der

---

[32] Vgl. Elisabeth Lukas: Psychologische Vorsorge, a.a.O., S. 134.

Liebe des menschlichen Herzens und der menschlichen Erfahrung kommen zu ihrer eigenen Wahrheit, wenn sie, heimgeholt in die Agape, selbst als Geschenk des Schöpfers angesehen und geehrt werden.«[33]

3. Noch einmal: Was ist Eros-Liebe?

In der christlichen Tradition gibt es eine Strömung, die behauptet, daß den Christen nur die Agape-Liebe würdig ist, also eine selbstlose, unmotivierte, keine Gegenleistung erwartende Liebe. Diese Strömung verehrt die Agape-Liebe und verachtet die Eros-Liebe. Eros und Agape seien entgegengesetzt. Eros will Freude und Glück, Erfüllung und Seligkeit für sich selbst, während Agape nur den anderen meint, sein Glück und seine Erfüllung will und sieht von sich selbst ab — solche und ähnliche Gedanken kann man, zum Beispiel, bei Karl Barth und Anders Nygren lesen.

Die in der Logotherapie sogenannte »eigentliche Liebe« ist bestimmt nicht in diesem extremen Sinn der Agape-Liebe zu verstehen. Schon deshalb nicht, weil die Logotherapie in der Liebe »ein eigentliches menschliches Phänomen«, »ein Urphänomen«, einen »existentiellen Akt«, eine »Beziehung von Mensch zu Mensch« und schließlich eine »Begegnung von Person zu Person« erblickt.[34]

Dennoch kann der Eindruck entstehen, daß die in der Logotherapie genannte »eigentliche« Liebe dermaßen »geistig« und »selbstlos« wirkt, daß man sich dabei über-

[33] Bernhard Häring, a.a.O., S. 424.
[34] Vgl. Viktor E. Frankl: Ärztliche Seelsorge, a.a.O., S. 170.

fordert fühlen könnte. Ein ununterbrochenes Ausgerichtetsein in Liebe auf den anderen, scheint mir ohne das Moment des Erotisch-Sinnlichen und des Für-sich-selbst-Verlangens fast unmöglich. Deshalb gilt es eine Kernfrage zu stellen und sie lautet:

»Gehört es zum Wesen wahrhaft menschlicher Liebe (der eigentlichen Liebe), daß der Liebende schlechterdings nichts für sich selber will, weder Freude noch Glück, noch irgend Bereicherung der Lebenshabe sonst?«[35] Kann der Mensch so lieben, daß er nur und ausschließlich den anderen meint, ohne dabei auch an sich selbst zu denken? Und: »Ist aber andererseits das Verlangen nach dem erfüllten Dasein, nicht nur tatsächlich, sondern höchst legitimerweise die Wurzel aller Liebe insgesamt?«[36]

An diesem Punkt scheiden sich die Geister und es zeigt sich noch einmal, daß die Konzeption, die einer vom Menschen hat, unvermeidlich in die Deutung der Liebe einfließt. Die Anthropologie (das Menschenbild oder die Auffassung darüber, wer der Mensch von Natur aus ist), spielt also bei der Deutung der Liebe eine zentrale Rolle. Es geht mir nun darum, der Aufforderung von Elisabeth Lukas zu folgen, wenn sie sagt, dem modernen Menschen müsse man »die einfachsten und schlichtesten Lebensweisheiten« neu erschließen, »selbst wenn sie schon vor Jahrtausenden zum Erkenntnisgut der Menschheit gehörten«[37]. Es gilt die Schätze der abendländischen Tradition in Erinnerung zu rufen.

35 Pieper 1986, a.a.O., S. 99–100.
36 Pieper 1986, idem, S. 100.
37 Elisabeth Lukas: Psychologische Vorsorge, a.a.O., S. 134.

Ich halte es mit Platon, der in seinem berühmten Streitgespräch über das Thema »Liebe« durch den Mund eines Teilnehmers sagen läßt: »Niemand versteht etwas von der Liebe, der nicht bedenkt, wie es um die Natur des Menschen bestellt ist und um ihre Widerfahrnisse.«[38]

Was bzw. wer ist der Mensch von Natur aus? Bei der Beantwortung dieser Frage ist daran zu erinnern, daß *natura* von *nasci* = geboren werden, kommt und demnach das meint, was der Mensch kraft seiner Geburt mitbringt und besitzt.[39] Bringt er von Geburt aus mit sich die rein selbstlose, schenkende Liebe? Ist er von Natur, d. h. von Geburt aus fähig, selbstlos zu lieben und in jeder Hinsicht ein Liebender zu sein? Oder steht es mit ihm von Natur aus so, daß er liebesbedürftig ist und nach Liebe verlangt, sich nach Liebe sehnt? Ja, diese letzte Frage muß gestellt werden und man muß sie, wenn man ehrlich ist, bejahen: Der Mensch ist von Natur, und das heißt von Geburt aus, die verlangende, bedürfende, nach Erfüllung und Stillung strebende Liebe. Genau das ist die primäre und ursprüngliche Bedeutung des Wortes *Eros*, und erst die zweite Bedeutung bezieht sich auf die Geschlechterliebe. Wir sprechen hier vom Eros als verlangende und Erfüllung suchende Liebe, und ich möchte die Behauptung wagen, der Mensch liebt von Natur aus mit der Kraft der Eros-Liebe. Damit ist nicht mehr und nicht weniger gemeint, als daß in jeder Art, in jeder Form der menschlichen Liebe — sogar in der Liebe des Menschen zu Gott — die Kraft des Eros mit am Werk ist. Diese Kraft ist die verlangende, bedürfende, nach Erfüllung

---

[38] Zitiert nach Pieper 1986, a.a.O., S. 100.
[39] Vgl. Pieper 1986, a.a.O., S. 101.

strebende Eros-Liebe. In der Mutterliebe scheint es doch
so zu sein, daß bei aller Opferbereitschaft eine Mutter
zumindest Dankbarkeit erwartet. Darin *kann* sie zu ihrer
Erfüllung kommen — oder nicht? In der heroischen
Gestalt der Nächstenliebe eines Franz von Assisi erblicke
ich ebenfalls die Kraft des Eros. Natürlich hat sie nichts
mit dem Sexuellen zu tun, sondern vielmehr mit der
mystischen Form der Liebe eines Menschen zu Christus.
Aber kommen nicht gerade darin ein Streben und eine
Sehnsucht nach Erfüllung zutage? Bei diesen zunächst
ungewöhnlich klingenden Ausführungen ist sofort
mitzubedenken, daß der Mensch *creatura* = Geschöpf ist.
Zum Begriff des Erschaffenseins gehört aber, »daß die
creatura über das, was sie an Sein besitzt, nicht selber
verfügen kann«. Der Mensch ist und bleibt von
schöpfungswegen, was er ist: »ein personales Selbst und
ein Jemand«[40]. Es gehört fundamental zur *conditio
humana*, daß der Mensch als geschaffenes Wesen
naturhaft nach Glückseligkeit, nach eigener Erfüllung,
nach der Stillung des eigenen Liebesdurstes verlangt.
Dieses Faktum zu akzeptieren ist nicht nur in Ordnung,
sondern es ist »der gar nicht zu überspringende Beginn
aller Vollendung in der Liebe«[41].

Was ist dieses naturhafte Drängen nach Erfüllung und
Vollendung im Grunde genommen? Es ist *Selbstliebe*.
Der Mensch erstrebt naturhaft sein eigenes Gut und die
eigene Vollendung und eben dies ist: sich selber lieben —
so Thomas von Aquin. Definiert man *Eros* »als den Inbe-
griff allen Verlangens nach Daseinsfülle, nach Stillung
der Glückssehnsucht, nach Sättigung durch die Güter des

---

40 Pieper 1986, a.a.O., S. 113.
41 Idem, S. 117.

Lebens, zu denen nicht nur mitmenschliche Nähe und Gemeinschaft gehört, sondern auch die Teilhabe am Leben Gottes selbst — dann ist Eros ein … in seiner Wurzel *naturhafter* Impuls, der unmittelbar gegeben ist mit dem schöpfungshaften Wesen des endlichen Menschen«[42]. Nur wer den Menschen »bis in die Tiefe der geistigen Existenz hinein als *creatura* begreift, der weiß zugleich, daß wir im Akt der Erschaffung … auf unser Ziel hin, wie ein Pfeil abgeschossen worden sind und daß in unserem Glückseligkeitsverlangen eine Schwerkraft wirkt, über die wir deshalb keine Gewalt haben, weil wir selber diese Schwerkraft *sind*«[43].

Von genau dieser Art ist das Wirken des *Eros* als eine in unserer Existenzmitte waltenden Schwerkraft, die sämtliche Regungen und Strebungen, »vor allem aber unsere liebende Zuwendung zur Welt und zu anderen Menschen beherrscht und durchwirkt«[44].

Das Verlangen nach Existenzerfüllung ist mit unserer Kreatürlichkeit gegeben. Das ist das eine — und das ist im Grunde Selbstliebe. »Sie ist nicht nur die früheste, alles Weitere fundierende und ermöglichende, sondern zugleich auch die uns von innen her vertrauteste Gestalt der Liebe. — Erst wenn man dies mit Bedacht zur Kenntnis genommen hat, versteht man … ein wenig besser, wieso die Liebe, mit der wir uns selber lieben, der Maßstab sein kann für alle Liebe sonst.«[45]

Um eventuelle Mißverständnisse zu vermeiden, möchte ich betonen, daß die hier gemeinte Selbstliebe nichts mit Narzißmus zu tun hat. Der narzißtisch Lie-

[42] Idem, S. 116.
[43] Idem, S. 131.
[44] Idem, S. 130.
[45] Idem, S. 132.

bende liebt und erlebt nur das als real, was in seinem Inneren vorhanden ist. Die äußere Realität bezieht er auf sich nur insofern, als sie für ihn selbst nützlich oder gefährlich ist. Dem narzißtisch Orientierten fehlt die Fähigkeit zur Objektivität und das heißt: Er kann Menschen, Dinge und Ereignisse nicht so sehen und nehmen, wie sie wirklich sind. Der Narzißt ist in bezug auf das Erkennen des anderen blind. Nicht von dieser Art ist die Selbstliebe, von der oben die Rede war. Die mit dem Erschaffensein in uns hineingesenkte Selbstliebe ist ein Streben auf etwas hin, bzw. auf jemanden hin, das bzw. der außerhalb von uns existiert.

Die Test-Formel »gut, daß es dich gibt«, sagen wir doch *vor* aller Reflexion unbeirrbar in bezug auf uns selbst — oder nicht? Und das meinen wir auch dann, wenn wir uns selbst — nach kritischer Selbstprüfung — nicht gerade liebenswert finden — oder nicht?

Natürlich paßt eine solche Selbstverständlichkeit schlecht zu der gängigen Vorstellung, nach der Liebe und »Selbstlosigkeit« einfach dasselbe seien. Es zeigt sich, daß menschliche Liebe das eigene Selbst durchaus impliziert, daß man nüchtern die naturhafte Gegebenheit akzeptieren muß: »Jeder liebt sich selber mehr als den anderen« (Thomas von Aquin). Nicht weil wir schwache Menschen sind, ist das so, also nicht »bedauerlicherweise«, »sondern auf Grund unserer Kreatürlichkeit, ... kraft der ehernen Tatsache, daß wir im Akt der Erschaffung unhemmbar auf den Weg zu unserer eigenen Erfüllung gesetzt worden sind«[46].

Die gleiche Auskunft halten Aristoteles, Augustinus und das Neue Testament bereit, in dem es sinngemäß

---

[46] Idem, S. 134.

heißt: »*Wie dich selbst* sollst du deinen nächsten lieben!«[47]

Außerdem wissen wir aus innerer Erfahrung, daß unsere Liebe alles andere ist als souveräne, unmotivierte, selbstlose Liebe. Die menschliche Liebe ist nicht souverän, sie ist motiviert von der Liebenswürdigkeit (vom Gut*sein*) des Geliebten, so daß man die Test-Formel »gut, daß es dich gibt« ergänzen muß: »*Deinetwillen* ist es gut, daß es dich gibt und ich will, daß du zu der dir zugedachten Erfüllung kommst. Aber auch um *meinetwillen* ist es gut, daß es dich gibt, daß ich dich lieben kann; denn so habe ich einen *Grund*, mich zu freuen, und so sehe ich einen *Sinn* in meinem Leben.«

Wiederum aus der eigenen inneren Erfahrung wissen wir um das Faktum: Wir lieben es, zu lieben und letztlich empfangen wir etwas Geliebtes, *indem* wir lieben. Und wenn wir es verlieren, sind wir unglücklich.

Und wir wollen gar nicht, daß uns jemand »rein selbstlos« liebt. Es ist uns auch darum zu tun, dem anderen nützlich zu sein und von ihm gebraucht zu werden. (*Ge*braucht, sage ich und nicht mißbraucht!) Darüberhinaus wollen wir auch begehrenswert sein und beileibe nicht nur »ein Gegenstand unmotivierter und einzig schenken-wollender Liebe«[48].

Liebe ist nicht gleich Liebe. Sie ist ein komplexes Phänomen und hat viele Gesichter. Erziehung zur Liebesfähigkeit heißt: die erotische Natur der (menschlichen) Liebe mitzuberücksichtigen, um dann jenen Schritt von der Selbstliebe zur *selbstlosen* Liebe zu vollziehen, der zur Begegnung und Bereicherung zweier Personen hin-

---

[47]   Idem, S. 135.
[48]   Idem, S. 148.

führt. Doch vorher muß die erotische Liebe noch genauer beschrieben werden.

Erotische Liebe — so die platonische Auskunft — ist der musischen Begeisterung nahestehend. Sie ist mit dem Dichterischen verwandt, sie ist eine Entrückung und Entzückung, ein Herausgenommenwerden aus der Normalität und Banalität des Alltags. Das entzückte Heraustreten aus dem Alltag ereignet sich aber in der Begegnung mit einer Schönheit, die im Sinnfälligen in Erscheinung tritt. Dem Gemeinplatz — »an der Schönheit entzündet sich die erotische Liebe« — ist hier zuzustimmen. Schönheit ist etwas Sinnliches. Das, was uns beim Anschauen gefällt (nämlich das Schöne z. B. an einem menschlichen Gesicht oder die charmante Art einer Bewegung), ruft in uns eine Erwartung hervor. »Wir werden nicht einer Erfüllung ansichtig oder teilhaftig, sondern eines Versprechens.«[49] Das Schöne ist versprechend — sagt Goethe, und gerade auf diesen Versprechenscharakter der Schönheit antwortet die erotische Liebe.

Paul Claudel äußerte: »Die Frau ist das Versprechen, das nicht gehalten werden kann: aber eben hierin besteht meine Gnade.«[50] Ich möchte es so sagen (vom männlichen Standpunkt aus): Die Frau, als das schöne Gegenüber des Mannes, ruft eine Erwartung und eine Sehnsucht hervor, die sie nicht restlos erfüllen kann. Vom weiblichen Standpunkt aus ließe sich sagen: Der Mann, als das schöne Gegenüber der Frau, erweckt eine Sehnsucht, die er nicht restlos erfüllen kann. Der englische christliche Schriftsteller C. S. Lewis formulierte den gleichen Ge-

---

49 Idem, S. 152.
50 Zitiert nach Pieper, idem.

danken auf seine Art: »Eros verspricht etwas, das er nicht zu geben vermag.«[51] Erotische Liebe befriedigt nicht (zumindest nicht auf Dauer) und doch ist sie für das wahre Humanum enorm wichtig: In ihr wird uns die »Öffnung des Daseinsraums auf eine unendliche Stillung hin« angeboten, aber die Erfüllung des Angebots ist in der erotischen Liebe nicht zu haben. Goethe schreibt in »Dichtung und Wahrheit«: »Die Natur scheint zu wollen, daß ein Geschlecht in dem anderen das Gute und Schöne sinnlich gewahr werde.«[52]

Und das braucht der Mensch, solange er auf der Erde als *Geist im Leib* wandert. Der Eros ist die mittlerische Gewalt und die vermittelnde Kraft zwischen nacktem Begehren und rein spirituell-geistlichem Lieben. Eros ist die »Klammer, welche allein — *sex* und *agape* zusammenzuhalten vermag«[53]. Eros ist die Brücke zwischen Sex und Agape.

Wo sagt der Mensch aus ganzem Herzen »gut und wunderbar, daß es dich gibt«, wenn nicht in der erotischen Liebe? In ihr allein wird die glückliche und beglückende lautere Bejahung des anderen verwirklicht. Darüber hinaus aber wird auch der Geschenk-Charakter des Geliebtwerdens, des Liebens und des Lieben-dürfens sehr intensiv erfahrbar. Vielleicht zum ersten und zum einzigen Mal »liebt man spontan und völlig mühelos einen anderen Menschen wirklich ›wie sich selbst‹. Und so können die solchermaßen Liebenden ihre Freude gar nicht verbergen, sie strahlen sie geradezu aus — sehr im Unterschied zu den bloßen *sex*-Partnern, die man be-

---

[51] Zitiert nach Pieper, idem.
[52] Zitiert nach Pieper, idem, S. 154.
[53] Idem, S. 149.

kanntlich eher ›frustriert‹ und mißgelaunt einherwandeln
sieht. Für einen Augenblick ist, in der erotischen Liebe,
die Welt des Menschen ›heil‹ und das Dasein wohlgera-
ten und geglückt.«[54] Erinnern wir uns jetzt daran, was
über die Verwandtschaft des Eros mit dem Musisch-
Dichterischen gesagt wurde. Der Eros ist wie ein Herausgerissensein aus dem Alltag, eine Entzückung. So ähnlich
erfahren wir auch das Musische bzw. die Kraft des Schönen in der Musik. Und wenn wir beides so ähnlich erleben, dann begreifen wir ganz und gar das Wort Georg
Simmels, »wonach die Musik und die Liebe die einzigen
nicht von Anfang an hoffnungslosen Unternehmungen
der Menschheit seien«[55]. Hier sollte man die Arie »Bei
Männern, welche Liebe fühlen, fehlt auch ein gutes
Herze nicht« aus der Oper »Die Zauberflöte« von Mozart
anhören und anschließend eine Weile still sein.

4. Erziehung zur Liebesfähigkeit

Die nun folgenden Betrachtungen, Gedanken und
Empfindungen, die aus einem persönlichen existentiellen
Erlebnis kommen, sind weitgehend subjektiver Art. Sie
spiegeln Erfahrungen und Einsichten zum Thema »Erziehung und Selbsterziehung zur Liebesfähigkeit« wider.

Dem anderen sagen: »Du bist so und so, du wirst dich
nicht ändern, du wirst deine schlechten Eigenschaften
behalten …« heißt — an der Vergangenheit kleben, an negativen Erfahrungen festhalten, in der Vergangenheit
verhaftet bleiben. Ein solches Verhalten kann unter Um-

---

54   Idem, S. 157–158.
55   Idem, S. 158.

ständen gut sein für eine vorübergehende Zeit, um Aggressionen, Wut, Enttäuschung und Frust loszuwerden, oder um dem anderen zu sagen: »Jetzt zeige ich dir, wie es ist, wenn ich dir meine Liebe entziehe, wenn ich dir nicht mehr so zur Verfügung stehe wie früher« ... oder ...

Gerade so und nicht anders können wir die Gegenwart des anderen verfehlen. Das Negative der Vergangenheit steht im Vordergrund; es wird nur das gesehen, was der andere falsch gemacht hat. Sein Ringen, seine Güte, seine inneren Prozesse werden nicht mehr gesehen. Wenn ich den anderen wirklich liebe, wenn ich wirklich ein Liebender bin, dann verzeihe ich ihm, wie auch Gott mir verzeiht, und schenke ihm erneut einen Vorschuß des Vertrauens.

Konsequenzen ziehen aus der Untreue des Partners? Ja, das ist eine berechtigte Möglichkeit, zum Beispiel so:

Der eine wird das Erlebnis der Untreue überwinden, indem er sich vom Partner — vorübergehend oder gänzlich — loslöst, lossagt, die Beziehung kündigt. Ein anderer wird auf den Partner nicht verzichten wollen, sondern verzeiht ihm und versöhnt sich mit ihm. Er wird dann noch seine Nähe und Freundschaft suchen, wenn der Partner sich zwischenzeitlich anders orientiert hat. Ein Dritter versucht, den Partner neu zu erobern und ihn für sich zurückzugewinnen, weil er im Partner — trotz der Schattenseiten — überwiegend Gutes sieht.

Im übrigen verhält es sich mit der Treue so, daß sie eine Aufgabe in der Liebe ist. »Sie ist aber jeweils nur als Aufgabe für den Liebenden selber möglich und nicht als Forderung an den Partner. [...] Der Glaube an den anderen (*das Vertrauen zu ihm* — O. Zs.) macht einen selbstsicher, so daß dieser Glaube im allgemeinen schließlich recht behält. Umgekehrt macht einen der Unglaube unsicher, so daß auch der Unglaube im allgemeinen schließlich recht behalten wird. Dies gilt auch vom Glauben an die Treue des Partners. Diesem Glauben an den anderen entspricht nun auf der Gegenseite die Aufrichtigkeit.«[56]

Der Glaube an den anderen, das Vertrauen zu ihm, wirkt sich heilsam aus. Der andere wird sich um die Aufrichtigkeit bemühen, und, trotz Fehltritten, die Treue halten. Andererseits wird derjenige, der untreu geworden ist und ihm am Partner noch etwas liegt, sich so verhalten, daß er den ihn liebenden Partner nicht mehr kränkt, die berechtigten Aggressionen aushält und sich ihm innerlich zuwendet. Wird aber der untreu Gewordene immer wieder mit der Forderung zur Treue und mit der Eifersucht des anderen konfrontiert, muß das für ihn auf Dauer zu einer Heraus- bzw. Überforderung werden, so daß er sich in eine Proteststellung gedrängt fühlt.

Die Treue ist eine Aufgabe für den Liebenden in der Liebe. Sie ist für mich eine Aufgabe, wenn ich ein Liebender bin. Ich kann sie für mich selbst fordern, und ich muß sie lernen und einüben. Treue entsteht in einem Lernprozeß: Sie ist eine Tugend, »die durch Trauen und Vertrauen entsteht«[57].

In der Zweierbeziehung geht es um die Bereitschaft, das schöne Risiko des Liebens immer wieder neu auf sich zu nehmen; es geht also nicht um Sicherheit. Es geht um ein Ich und um ein Du, um zwei *Freiheitsgeschichten* also, die *in einem nie aufhörenden Lernprozeß ein Wir werden.*

---

[56] Frankl 1987, a.a.O., S. 190.
[57] Ellmar Gruber, a.a.O., S. 19.

Dabei bemühen sich beide, der Liebe des anderen würdiger zu sein und wollen niemals unterstellen, daß der andere böswillig und unverbesserlich ist. Der Grund zur Veränderung liegt in der Bereitschaft um des anderen Liebe willen, eben dieser Liebe mehr und mehr würdiger zu sein.

Bei Viktor Frankl lese ich: »Auch durch unglücklich verlaufende Erlebnisse innerhalb des Liebeslebens werden wir nicht nur bereichert, sondern auch vertieft, ja gerade an ihnen wachsen und in ihnen reifen wir am meisten. Die innere Bereicherung, die der Mensch in der Liebe erfährt, ist freilich nicht frei von inneren Spannungen.«[58]

Wenn aber ein Mensch alle inneren Spannungen vermeiden will, um in Sicherheit und im sogenannten »Frieden« zu leben, dann tut er gut daran, ein Nicht-Liebender zu sein; dann möge er darauf verzichten, zu lieben und geliebt zu werden. Freilich werden diesen Verzicht nur wenige auf sich nehmen, denn wir alle ahnen es: Ein Leben ohne Liebe ist nur ein Vegetieren. Deshalb, weil wir das ahnen, ziehen wir es vor, eher *unglücklich Liebende* zu sein als Nicht-Liebende. Auch in den glücklichsten Momenten unseres Liebeslebens bleiben wir — von wenigen Ausnahmen abgesehen — *Nur-mittelmäßig-Liebende*, das heißt, daß wir endliche Geschöpfe bleiben, die den anderen auch aus Selbstliebe lieben. Gerade aber das Bewußtsein der Mittelmäßigkeit sollte einen nachdrücklich zu einer großzügigeren Haltung ermahnen. Zu jener großzügigen und weitherzigen Haltung, die dem anderen nicht ständig aufzählt, was er alles falsch gemacht und wie mittelmäßig er geliebt hat, sondern ihn gewähren läßt und

---

58 Frankl 1987, a.a.O., S. 187.

ihm einen weiteren Vorschuß an Liebe und Vertrauen schenkt. Denn: Wenn ich nur mittelmäßig liebe, bin ich nicht berechtigt, dem anderen seine Mittelmäßigkeit vorzuwerfen. Vielmehr bin ich dazu aufgerufen — auf Grund meiner Mittelmäßigkeit — den anderen in seiner Mittelmäßigkeit zu bejahen. Und gerade da gelingt es mir, über meine Mittelmäßigkeit hinauszuwachsen. Da zeigt sich, daß ich von der bloßen Selbstliebe zur *selbstlosen Liebe* hinübergegangen bin.

Wir müssen wieder lieben lernen. Wir sollten immer wieder lieben lernen und nicht so schnell die Geduld verlieren, wenn es mit dem Lieben nicht sofort gelingt. Bekannterweise hat Viktor Frankl die Liebesfähigkeit als ein wichtiges Therapieziel hervorgehoben. Die Liebesfähigkeit wird durch alles gefördert, was zur geistigen Ebene vordringt. Ich finde sehr bemerkenswert, daß Frankl sagt, »auch wer nicht liebt und nicht geliebt wird, kann sein Leben höchst sinnvoll gestalten«[59]. Dieser Satz steht im Kontext des »häßlichen Menschen«, der äußerlich wenig anziehend ist. Doch das hat eine relativ geringe Bedeutung, denn worauf es auch im Liebesleben ankommt, ist die Persönlichkeit eines Menschen. Bemerkenswert formuliert Lukas: »Wer nicht lieben kann, liebt auch sich und sein Leben nicht, oder umgekehrt: Wer im Leben scheitert, hat irgendwann und irgendwo zu wenig geliebt.«[60] Was aber fördert am stärksten die Liebesfähigkeit?

Aus eigener Erfahrung weiß ich, daß liebende Menschen, die den lebenslangen Prozeß des Liebens im All-

---

59 Idem, S. 177.
60 Lukas 1989, a.a.O., S. 134.

tag vollziehen und vorleben, enorm die Liebesfähigkeit fördern. Glücklich derjenige, der in seinem Leben (vor allem als Heranwachsender) solche liebenden Lichtgestalten erlebt hat! Er darf und sollte dafür dankbar sein und seine Dankbarkeit unter anderem darin ausdrücken, daß er die ihm aufgetragenen Mitmenschen — den Partner und die Partnerin, den Freund und die Freundin, die Eltern und die Geschwister, die Fremden und die Arbeitskollegen — gerade dann und dort noch liebt, wann und wo sie schwer zu ertragen sind.

Ich halte es für angemessen und notwendig, gegen Ende dieser Betrachtung, die Dichtung zu Worte kommen zu lassen. Denn schließlich waren es ja die Dichter, die Musiker und gewiß auch die bildenden Künstler (Michelangelo, Rodin, Picasso, Grünewald, um nur einige Beispiele zu nennen), die das Unaussprechliche — nämlich die Liebe — am ausdrucksvollsten thematisiert haben. Und wenn es wahr ist, daß die Mozartsche Musik mehr über die Liebe zum Ausdruck bringen kann als tausend Worte, so gilt das analog für die bildende Kunst und für die Dichtung. Ein Gedicht kann uns mehr helfen, als eine »bloße Pädagogik« der Liebesfähigkeit.

Was es ist

Es ist Unsinn
sagt die Vernunft
Es ist was es ist
sagt die Liebe

Es ist Unglück
sagt die Berechnung
Es ist nichts als Schmerz
sagt die Angst

Es ist aussichtslos
sagt die Einsicht
Es ist was es ist
sagt die Liebe

Es ist lächerlich
sagt der Stolz
Es ist leichtsinnig
sagt die Vorsicht

Es ist unmöglich
sagt die Erfahrung
Es ist was es ist
sagt die Liebe

Erich Fried[61]

[61] Aus: Liebesgedichte, Angstgedichte, Zorngedichte; Berlin 1984.

FRAGMENTE ZU EINER KULTUR DER ZÄRTLICHKEIT

»Kultur der Zärtlichkeit« ist nicht gerade eine Stärke der abendländischen Zivilisation, obwohl heute die Boulevardpresse das Thema recht häufig aufgreift. Die Annäherung zum Phänomen »Zärtlichkeit« möchte ich hier auf eine unkonventionelle Art angehen.

Man muß erstens von der Intimität und Vertrautheit, zweitens auch von Nähe und Distanz, dann drittens von der Sexualität und Eros sprechen, um anschließend aus diesen »Elementen« herauszufinden, wie eine Kultivierung der Zärtlichkeit aussehen könnte. Es versteht sich von selbst, daß die hier vorgetragenen Überlegungen nur eine Skizze anbieten können.

Ich beginne mit einer Phantasieübung, die ich im Buch eines Franziskanermönches gefunden habe. — Setzen wir uns zu Hause in Ruhe hin und machen wir eine Liste mit den Namen all der Menschen, die wir gerne geheiratet hätten oder heiraten würden. Schreiben wir die Namen all der Menschen hinzu, deren Nähe wir jemals gesucht haben, »weil von diesen Menschen eine tiefe Faszination ausgegangen ist oder ausgeht. Diese Menschen können männlich oder weiblich sein. — Eine Woche später könnte man sich nochmals hinsetzen und versuchen, herauszufinden, welche Eigenschaften an diesen Menschen so faszinierend wirken. Weshalb ist es gerade diese oder jene Person — und eine andere nicht? Auch wenn das etwas Mühe kostet: Es lohnt sich diese Eigenschaften in eine weitere Liste einzutragen.

Wenn diese zweite Liste vollendet ist, dann kann man einen Summenstrich darunter ziehen. Und unter den Strich schreibe man — seinen eigenen Namen! Dabei werden wahrscheinlich die meisten eine ähnliche Entdeckung machen wie ich beim ersten Mal (das war damals für mich eine ganz grundlegende geistliche Erfahrung!): All diese Eigenschaften waren in Wirklichkeit ein präzises Spiegelbild meiner eigenen Seele. Bevor ich irgend jemand anderen wirklich lieben konnte, mußte ich deshalb lernen, mit mir selbst ›Liebe zu machen‹. Denn wir können nur das weggeben, was wir in uns selbst haben. Ich habe gemerkt, daß all das, was ich irgendwo außerhalb von mir zu lieben versuchte, etwas war, wovon ich schon vorher eine Art tiefe Intuition in meinem Inneren hatte.«[1]

Nach dieser Übung, die einige Überraschungen mit sich bringt, betrachte ich nun den ersten Weg zur Zärtlichkeit, nämlich:

Intimität und Vertrautheit

Zunächst eine praktische Vorbemerkung: Der Kampf der Geschlechter, der Kampf zwischen Mann und Frau (in der Ehe, in der Politik usw.) hat sicherlich sehr viel damit zu tun, daß Mann und Frau den anderen als Rivalen erleben. Sie vergessen, daß der andere anders liebt. Der Mann liebt anders als die Frau, und die Frau liebt an-

---

[1] Richard Rohr: Der nackte Gott. Plädoyers für ein Christentum aus Fleisch und Blut; München [6]1991, S. 112.

ders als der Mann. Zwar beide wollen sich dem andersge-
schlechtlichen Du verschenken. Beide ahnen in der Tiefe
ihres Wesens, daß sie nur durch *die andere Hälfte* zur
vollen Entfaltung ihres Menschseins gelangen. Die Frau
erkennt ihre eigene Identität durch die Liebe des Mannes.
Der Mann erkennt seine eigene Identität durch die Liebe
der Frau. Diese gegenseitige *Selbstmitteilung* in der Liebe
geschieht und gedeiht in der Intimität und Vertrautheit.

Was beabsichtige ich eigentlich, wenn ich nach Intimität strebe?

Vielleicht kann man es so ausdrücken: Im Streben
nach Intimität möchte ich mit dem Innenleben eines anderen Menschen eng und dauerhaft vertraut und verbunden sein. Ich möchte seine Gedanken und Gefühle, seine
Hoffnungen und Ängste, seine Freude und seine Sorge
mitbekommen. Ich möchte einen Platz in seinem Herzen
haben und es tut mir weh, wenn ich nach einer gelebten
Intimität diesen Platz verliere. Das Verlangen nach Intimität ist so tief im Menschen verwurzelt wie das Verlangen nach Liebe. Der Mensch kommt ja aus der Intimität,
aus der intimen Vereinigung einer Frau und eines Mannes. Er kommt aus der Geborgenheit in die Gefährdungen
dieser Welt hinein und sehnt sich ein Leben lang nach jener ursprünglichen Intimität, aus welcher er kommt. Das
lateinische Wort »intimus« läßt sich so übersetzen: innerer, vertrautester, tiefster, geheimster. Intimität ist
demnach Innigkeit, herzliche Vertrautheit, Tiefe und
Wärme in der Kommunikation. Intimus nennt man den-
jenigen Menschen, der unser inniger und vertrauter
Freund oder unsere innige und vertraute Freundin ist.
»Für menschliche Wesen« schreibt Rollo May, »ist das
Bedürfnis nach Beziehung, nach Intimität, nach Annah-

me und Bestärkung gewaltiger als das nach Sexualität an sich.«[2]

Eine weitere Beschreibung der Intimität finde ich bei Hermann Stenger. Er schreibt: Intimität möchte »eine vertraute und von Vertrauen getragene Beziehung zum Ausdruck bringen. Ein hohes Maß an Übereinstimmung, eine selbstverständliche Offenheit und ein ehrfürchtiges Wissen um den anderen, wobei sich jeder frei und vom anderen freigegeben weiß ...« Außerdem bedeutet Intimität, »daß es eine menschliche Beziehung gibt, in der die Partner enger miteinander verbunden sind als in der sexuellen Begegnung. Sie kann innerhalb und außerhalb der Sexualität bestehen, eine Beziehung zwischen zwei Menschen, von denen jeder sogar bei großer Entfernung zutiefst auf das wirklich Innere des anderen abgestimmt bleibt ...«[3]

Es ist lehrreich zu lesen und zu hören, was andere zum Stichwort »Intimität« sagen. Ich möchte Sie ermuntern, dieses Wort mit Ihren eigenen Erfahrungen zu füllen und darauf zu vertrauen, daß auch Ihre diesbezüglichen Erfahrungen wahr und gut sind.

Als ich 14 Jahre jung war, habe ich einen Franziskanerbruder kennengelernt. Er empfing mich und meine drei Freunde an der Pforte des Klosters, als wir das erste Mal das Kloster besucht hatten und dort eine Woche lang geblieben sind. Wie es meinen Freunden ging, kann ich nicht genau beurteilen. Mir wurde in jener ersten Begegnung klar, daß der 40 Jahre ältere Bruder durch seine

---

[2] Zitiert nach Wunibald Müller: Intimität. Vom Reichtum ganzheitlicher Begegnung; Mainz 1989, S. 15.
[3] In: Wunibald Müller, idem, S. 17.

Güte und Liebe mein Herz sofort und endgültig erobert hatte. Heute noch fühle ich klar: Jener kleine Mann hat sich geöffnet, nahm mich in sein Herz auf und betete mit mir immer wieder, so daß ich mit ihm innerhalb von wenigen Tagen, ja Stunden, »intim« geworden bin. ... Das war eine bewußte Erfahrung der Intimität in jener Zeit. Damals schon habe ich verstanden: Intimität kann sowohl innerhalb als auch außerhalb der Sexualität bestehen, sie ist letztlich eine Angelegenheit des Herzens, und eine solche Erfahrung ist reich an heilenden Kräften.

Intimität hat viele Facetten und Ebenen, sie besteht nur im beiderseitigen Einverständnis: Der fließende Emotionsstrom verbindet ein Ich mit einem Du und das wechselseitig, von Herz zu Herz. Die Vielseitigkeit und Vielfältigkeit der Intimität wurde von Howard und Charlotte Clinebell beschrieben. Ich zitiere nur sinngemäß, da ich die Quelle nicht mehr zur Verfügung habe. Die beiden unterscheiden zwölf Sphären oder Ebenen der Intimität:

1. Sexuelle Intimität, als die erotische und orgastische Vertrautheit. Es handelt sich dabei, so möchte ich hinzufügen, um den vertrauten Umgang zweier »Körper« miteinander, womit noch nicht gesagt ist, daß in dieser Form des Umgangs eine ganzheitliche Begegnung gegeben ist.
2. Emotionale Intimität, d.h. Gefühle auf gleicher Wellenlänge.
3. Intellektuelle Intimität, d.h. enge Verbundenheit, Verwandtschaft in der Welt der Ideen und der Gedanken. So können, zum Beispiel, zwei Schachspieler miteinander intim sein, auch wenn sie als Gegner gegenüber sitzen.

4. Ästhetische Intimität, das bedeutet das gemeinsame, tiefe Erleben von Schönheit.

5. Schöpferische Intimität, das bedeutet die gemeinsame Kreativität. Zwei Wissenschaftler oder ein Musiker und ein Dichter können — zum Beispiel — diese Form der Intimität miteinander erleben. Mir scheint, daß Mozart und Lorenzo da Ponte die schöpferische Intimität miteinander erfahren haben.

6. Spielerische Intimität, das bedeutet das Erlebnis der Nähe beim Spiel und Scherz, sowie in ironischen Kommunikationssituationen.

7. Intimität in der Arbeit — als enge Verbundenheit bei der Bewältigung alltäglicher Aufgaben oder am Arbeitsplatz, im Team bei der Bewerkstelligung eines Projektes oder bei der Lösung wissenschaftlicher Aufgaben.

8. Intimität in Krisen — als enge Verbundenheit bei der Bewältigung von Kummer und Problemen (z. B.: der Therapeut und sein Klient, der Seelsorger und der suchende Mensch).

9. Intimität im Streiten — das ist Annahme und Austragen von Meinungsverschiedenheiten. In Freundschaften und Paarbeziehungen, in einem demokratischen Parlamentarismus sollte dieser Form der Intimität besondere Aufmerksamkeit geschenkt werden.

10. Intimität im Engagement — ist gemeinsame Hingabe an ein Ziel, an eine soziale oder politische Aufgabe.

11. Geistige Intimität — ist Gemeinsamkeit in Fragen der letzten Dinge und der menschlichen Existenz; das ist eine geistig-spirituelle Wellenlänge in Fragen der Weltanschauung und des Glaubens, in den Fragen nach dem Sinn dieses Lebens. Diese Intimität erlebe

ich auch mit Menschen, die längst verstorben sind, z. B. Thomas von Aquin, Dostojewski, Mozart.

12. Intimität der Kommunikation im umfassenden Sinne des Wortes — das ist die Quelle aller Formen wahrer Intimität. Menschliche Interaktion, Achtsamkeit, Reflexion im Umgang miteinander, sowie Sensibilität und Gespür für den anderen gehören dazu.

Schließlich möchte ich eine dreizehnte Form der Intimität erwähnen, die für die gläubige Sicht der Welt fundamental ist. Ich meine die Intimität mit Gott, von der alle Mystiker Zeugnis ablegen. Darüber läßt sich nicht viel sagen und wenn ja, vielleicht so: Mein Leben ist in IHM geborgen von Anfang bis zum Ende und in alle Ewigkeit.

Intimität und Vertrautheit sind synonym. Das Vertraute ist mir intim und innig, das Intime ist mir vertraut.

Nähe und Distanz

Zu einer Kultur der Zärtlichkeit gehört unbedingt die Fähigkeit, warten zu können bzw. es zu lernen — und das hat wesentlich mit Nähe und Distanz zu tun. Wer wartet schon heute gerne? Wir sind gewohnt alles sofort haben zu können, was wir uns wünschen. »Abwarten und Tee trinken«, wie man so schön sagt, schmeckt uns nicht. Wir leben in einer Wohlstandsgesellschaft, in einer »Ego- und Erfolgsgesellschaft«, die mit Hilfe der Werbung und der Konsumangebote alle Bedürfnisse zunächst erwecken und dann auch *augenscheinlich* befriedigen kann, vorausgesetzt, daß wir zahlen. Das ist aber etwas »Künstliches«. Gerade dieses »Künstliche« und »Gemachte« ist nicht gemeint, wenn hier vom Warten, von Nähe und Distanz gesprochen wird. Was meine ich also?

»Warten nährt sich von der Zuversicht, daß mit Hilfe eigenen Bemühens, aber nicht unbedingt in unserem Sinne etwas in Ordnung kommt, das noch unversöhnlich scheint. Im Warten erst nehmen die wirklichen Wünsche Farbigkeit und Gestalt an und erlangen eine Einflußkraft, die vorübergehend, aber doch nachhaltig über alles vordergründige Verlangen hinausträgt.«[4]

Warten ist in diesem Sinne das Vertrauen darauf, daß etwas oder jemand außerhalb von mir existiert, das bzw. der richtungsweisend ist. Dieses »etwas« oder »jemand« ist — logotherapeutisch gesprochen — der Sinn, der konkrete Logos einer Situation, den ich da draußen in der Welt zu erfüllen habe. Warten ist die Fähigkeit, zu Dingen, Menschen und Ereignissen Distanz zu halten; und zwar nicht aus Gleichgültigkeit oder egoistischer Ichbezogenheit, sondern aus der Sehnsucht heraus, mit gewissen Dingen, Menschen und Ereignissen — zum gegebenen Zeitpunkt — innig und intim werden zu können. Einige meditative Gedanken dazu von Max Feigenwinter:[5]

Zwinge mich nicht
zu sagen,
was ich selbst noch nicht weiß;
zu zeigen,
was ich selbst noch nicht sehe;
zu erklären,

---

4   Peter Schmidt: Den Dingen auf den Grund gehen; Oberegg 1990, S. 88.
5   Max Feigenwinter: Miteinander wachsen; Oberegg 1991, S. 40.

was ich selbst noch nicht verstehe;
zu beweisen,
was mir nicht möglich ist;
zu tun,
was ich nicht kann.

Zwinge mich nicht;
laß mich sein,
damit ich dir freiwillig geben kann,
was mir entspricht.

Gib mir die Chance,
dich zu beschenken.

Warten ist die Fähigkeit, Nähe und Distanz zur rechten Zeit und der Situation an-gemessen zu leben. Das kann u. U. heißen, daß man sich entbehrlich macht, sich zurückzieht, Räume öffnet und den anderen los-läßt ...

Martin Heidegger sieht im menschlichen Dasein »eine wesenhafte Tendenz auf Nähe«[6] und versteht unter Nähe das Vertraute, das Liebgewonnene und Liebenswürdige, das für das menschliche Leben Wesentliche. Das hat mit räumlicher oder geographischer Entfernung nichts zu tun. Daraus folgt: Emotionale Nähe ist nicht durch Verkehrsmittel zu erreichen. Sie wird eher durch eine »Reise nach Innen« möglich, durch das Hinabsteigen in die eigene Innenwelt, in der die anderen, die zu uns gehören und denen wir nahestehen (wollen), da sind. Es handelt sich um eine Nähe, welche durch die Distanz gereift ist und welche nicht mehr nötig hat, Erwartungen und Ansprüche

---

6   Martin Heidegger: Sein und Zeit, 11. unveränderte Auflage, Tübingen 1967, S. 105.

zu stellen. Ohne Distanz ist keine Nähe möglich, aber eine Distanz ohne innerliches Nahesein führt zur Entfremdung. Nähe und Distanz sind Gesetze des Lebens und der Liebe, der Kommunikation und der Zärtlichkeit.

Sexualität und Eros

Sexualität ist nicht nur ein biologisches Phänomen, nicht nur eine physiologisch-chemische Polarität zwischen Geschlechtszellen.[7] Menschliche Sexualität ist eine *personale* Situation des (letztendlich) *geistigen* Wesens »Mensch«, der

— nicht als reiner Geist, sondern als *Geist im Leib*,
— nicht in reiner »Ausgabe«, sondern entweder als Mann oder als Frau existiert. Ek-sistiert: Immer schon aus sich selbst hinausgeht und seine andere Hälfte sucht. Der Mensch ist ein *polares* Wesen.

Was im einzelnen als *männlich* und *weiblich* gilt, mag in großer Variationsbreite kulturell bedingt sein; doch das fundamentale *leibliche Anderssein* liegt dem voraus und weist auf einen Unterschied im Personalen zurück. In der männlichen und weiblichen Sexualität erleidet der Mensch die Qual seiner *Zweiheit*. Das ist das eine. Der Mensch erlebt aber auch die Wonne der *Vereinigung* (im biologischen Sinne des Wortes) und die Freude der Ver-*ein*-ung (im philosophisch-geistigen Sinne des Wortes). Das ist das andere. Im Phänomen des Sexuellen geht es demnach um ursprüngliche Erfahrungen wie

— isoliert und getrennt sein (= Distanz?),

---

[7] Vgl. Meyers Enzyklopädisches Lexikon in 25 Bänden, 9. Aufl., Bd. 10, S. 207.

— Drang nach Vereinigung (= leibhaftige Nähe),
— tiefe und starke Sehnsucht nach (geistig-seelischer und leiblicher) Ergänzung,
— Leidenschaft für Beziehung, die mein eigenes Dasein bestätigt,
— Leidenschaft für Beziehung, in der ich das Dasein des anderen bestätige und es (im gewissen Sinn) seiner Vollendung näher bringe …

Kann es bloß nebensächlich sein, daß ein Mensch von seiner Leiblichkeit her dazu angelegt ist, in einen anderen *einzudringen* oder ihn in sich zu *empfangen,* um dann unter Umständen neun Monate ein werdendes Kind in sich zu tragen? Ich kann es mir jedenfalls nicht vorstellen. Weit von mir liegt auch die andere Vorstellung, derzufolge Sexualität nur Zeugungsfunktion habe. Sympathischer ist mir der andere Gedanke, daß die Sexualität als eine »riesige Energieströmung« das Miteinander-Leben des Mannes und der Frau nährt. Gewiß dient sie auch der Zeugung der Nachkommenschaft, darüber hinaus aber ist sie ein *schönes Geschenk* des Schöpfers, damit der Mensch Wollust und Freude erlebt. Dabei ist mir folgende Einsicht wichtig: Der gegengeschlechtliche Mensch relativiert mich in meinem Dasein und Sosein. Indem er meine Grenzen zeigt, bietet er *Halt* und *Einhalt* in einem. Die Erfahrung der Sexualität führt letztendlich in das *Staunen* hinein: Es ist in der Tat erstaunlich, daß aus dem *leiblich-intimen Zusammensein* und *(geistig) Sich-Erkennen* zweier Menschen die ewige Geschichte einer absolut neuen und einmaligen Person ihren irdischen Lauf nimmt. Menschen verbinden sich aber nicht nur, weil sie sich fortpflanzen wollen, sondern um bei- und miteinander zu wohnen: eben weil sie sich lieben.

Weil sie die Freude der *Ver(ein)igung* miteinander erleben und teilen wollen. Weil es, nach einer alten Weisheitstradition, für den Menschen nicht gut ist (auf Dauer) allein zu sein.

Darum ist die Kultivierung der Sexualität wichtig. Darum ist die Pflege bzw. eine *Kultur der Zärtlichkeit* und der Zartheit, des Spielerischen und der Achtsamkeit von großer Bedeutung. Darum sind Festlichkeit und Ritual wesentliche Momente des sexuellen Zusammenseins.

Elisabeth Lukas zufolge hat menschliche Sexualität *primär* Ausdruckscharakter. Sie schreibt: »Dasjenige, was sie auszudrücken vermag bzw. körperlich nachzuvollziehen versucht, ist Liebe, ist die geistige Berührung von Mann und Frau, die sich in einer innigen Verbundenheit begegnen. Menschliche Sexualität spricht gleichsam aus, was im Herzen gemeint ist: ›Ich bin Dir nah, ich bin dir gut, ich erkenne dich an.‹ Damit wird sie hineingehoben in ein ›Erkenntnisritual‹, und was da (an-)erkannt wird, ist Wirkliches und Unwirkliches zugleich: das einmalig-unaustauschbare Sosein eines Menschen inklusive der noch unverwirklichten Entwicklungen dieses Menschen, wie sie ihm zu wünschen sind und ihm vom Liebenden auch de facto gewünscht werden: seine schönsten und besten Erfüllungsmöglichkeiten.«[8] Der Vollzug der Sexualität ohne Eros-Liebe kann den Menschen in die Isolation hineintreiben. Es ist an dieser Stelle nicht nötig, all das zu wiederholen, was im vorausgehenden Kapitel (»Über die Liebe«) gesagt wurde. Bevor ich mich auf die Zärtlichkeit besinne, möchte ich eine ergänzende Bemer-

---

8 Elisabeth Lukas: Geborgensein — worin? Logotherapeutische Leitlinien zur Rückgewinnung des Urvertrauens; Freiburg 1993, S. 104.

kung und eine persönliche Erfahrung bringen. Beide sind mir wichtig im Hinblick auf die Zärtlichkeit.

Erstens: Im Eros wird das beglückende, wohltuende Erlebnis der Nähe des geliebten Menschen erfahren, denn Eros ist die Bewußtwerdung der Fülle, nach der sich der Mensch sehnt. Die erotische Sehnsucht ist eine *seelische Weiterführung* bzw. Fortsetzung des leiblich-genitalen Dranges nach Vereinigung.

Zweitens: In der Bewegung und Regung des Erotischen bzw. der Eros-Energie erfahre ich, daß zur Liebesfähigkeit die *Erschütterung vor dem Schönen* bzw. das *Fasziniertsein vom Schönen* dazugehört. Unvergleichlich tief erlebe ich das in den letzten Wochen mit meinem kleinen Sohn. Wie soll ich mich da erklären? Vielleicht so: Zutiefst beglückend sind mir jene Minuten, in denen »der kleine Bub« (zur Zeit ein Jahr jung) auf dem Boden krabbelnd zu mir kommt, sich hochzieht und sich aufrichtet, um dann in meine Augen zu schauen: Sein Blick ist ungetrübt und kristallklar, unbefangen und rein, makellos schön und ohne Hintergedanken. Während ich auf dem Sofa sitze und ihn sanft stütze, steht er vor mir und wir schauen uns an. Die Augen eines Kindes suchen nach meinen Augen.

Die Augen meines Kindes mit seiner erstaunlichen Intensität, seinem tiefen unergründlichen Licht verwandeln für einen Moment meine Seele in eine einzige Sehnsucht: Ich möchte mich in jene Höhenregionen erheben, aus denen er zu uns gekommen ist. In *seinen* Augen erblicke ich »ihn«: jenen Geistesmenschen, der *durch* mich/*durch* uns, aber nicht *von* uns in diese Welt kam, um seinen Lebensweg zu gehen. »Etwas«, was nicht von dieser Erde ist, blickt mich an. Ein Blick aus dem Paradies. Für mich eine Erschütterung vor jenem Schönen, ein Geschehen des Eros und Mystik zusammen. Ein Ereignis der Zärtlichkeit. — Und damit bin ich beim letzten Teil meines Themas.

Zärtlichkeit

Nachdem geschildert wurde, was Intimität und Vertrautheit, Nähe und Distanz, Sexualität und Eros sind und welche Bedeutung ihnen in der menschlichen Kommunikation zukommt, soll jetzt die Zärtlichkeit beschrieben werden.

Aus der Erfahrung mit meinem Sohn glaube ich an die zarte Liebe. Zärtlichkeit als »kultivierter Eros« hat mit Zartheit zu tun. Zärtlichkeit ist eine besondere, sinnlich faßbare Erscheinung der empfindsamen und feinfühligen Liebe.

Zärtlichkeit ist

— die schöpferische Mitte zwischen Nähe und Distanz,
— das Gleichgewicht zwischen Verlangen nach Einheit und Freilassen,
— die liebende, sinnliche Erfahrung einer anderen Person,
— die leibhaftig-sinnliche Äußerung eines seelischen Empfindens,
— Kontakt und Austausch in Intimität mit einem Du,
— Bejahung des anderen zum Beispiel so: »Ich bin glücklich, daß es dich gibt, daß ich dich kenne, daß ich dir gut sein kann und daß du mir gut bist«,
— männlich und weiblich, sie bedarf der Sinnlichkeit und der Kraft der Eros-Liebe, aber sie ist auch geistig

(z. B. Bei-Sein im Gebet, mit guten Gedanken trotz geographischer Entfernung),

— Streicheln und Zuspruch, liebender Blick und Ermunterung,

— Annahme und Pflege des alten und gebrochenen Menschen, des kranken und des einsamen Menschen,

— eine individuell verschieden ausgeprägte Umgangsform — eine schöne Kleidung — der *achtsamen* Liebe, die sich auch auf Dinge erstreckt …

Vieles von dem hier Gesagten habe ich, nicht nur einmal, in Taizé in den Begegnungen mit Frère Roger hautnah erlebt. Jeder von uns kann und sollte seine Erfahrungen in Erinnerung rufen. Dazu möchte ich mit weiteren Gedanken anregen.

Zärtlichkeit ist, wenn ich dem anderen sage (und das auch empfinde):[9]

Ich verstehe dich,
auch wenn du
die richtigen Worte nicht findest,
umständlich herumredest,
manches nicht zu sagen wagst und
vieles nur andeutest.

Ich verstehe dich und
sehe dich, wie du bist,
ich stehe zu dir,
auch wenn du es anders siehst,
ich begleite dich und
sage ja, weil du es bist.

---

[9] Umformulierung eines Textes von Max Feigenwinter, a.a.O., S. 40.

Zärtlichkeit ist
— eine Kultur, die wir in der Familie, Partnerschaft, Schule, Gesellschaft, im Leben eines religiösen Ordens leben sollten,
— eine Leistung des Menschen als geistiges Wesen,
— eine schöne Kommunikationsform der Eros- und auch der Agape-Liebe,
— eine positive Aktivierung der emotionalen Kräfte,
— eine Nähe und Zartheit mit heilender Auswirkung,
— eine Distanz, die den anderen atmen läßt,
— eine Frucht der Intimität und der Vertrautheit ...

Die »Elemente« einer Kultur der Zärtlichkeit sind männlich und weiblich, insofern die gelebte Erfahrung der Nähe und der Intimität aufgrund genetischer, hormoneller und psychischer Gegebenheiten je anders gefärbt ist, wenn es sich um einen Mann und um eine Frau handelt. Zu meinen ersten, bewußt wahrgenommenen Kindheitserfahrungen gehört das Faktum, daß ich die Nähe meiner Mutter und meines Vaters erlebt habe. Doch das *Wie* dieser Nähe war in meiner Empfindung anders — je nachdem. Die mütterlich-weibliche Nähe empfand ich (und so empfinde ich bis heute) warm, zart und feinfühlig. Die väterlich-männliche Nähe empfand ich fest und sicher.

Eine strikte Trennung der männlichen und weiblichen Eigenschaften wird der menschlichen Realität nicht gerecht, wohl aber die Unterscheidung des Männlichen und Weiblichen. Mann und Frau sind Menschen und haben ihre ureigenen, persönlichen Eigenschaften, die von der Geschlechtlichkeit gefärbt sind. Das drückt sich aus auch in der Äußerung der Zärtlichkeit. Es macht eben einen Unterschied aus, wenn beispielsweise ein Mann feinfühlig und warmherzig (*eher* weibliche Eigenschaften) oder eine Frau autoritär und machtstrebig (*eher* männliche Eigenschaften) ist. Ich berühre hier Bereiche der menschlichen Wirklichkeit, die letztendlich in das überweltliche Geheimnis hineinmünden.

Eine gelebte Kultur der Zärtlichkeit erkenne ich bei Menschen wie Franz von Assisi, Mozart, Roger Schutz, Theresa von Avila u. a. Möglicherweise bei unseren Nachbarn oder im Freundeskreis können auch Sie Mitmenschen erleben, die in vorbildlicher Weise die Zärtlichkeit im Alltag vollziehen. Auf uns kommt es an, die Kultur der Zärtlichkeit einzuüben, zu pflegen und zu praktizieren — gemäß der eigenen Individualität und der Lebenssituation.

Ich glaube, daß Gott ein zärtliches Wesen ist. Das theologische Geheimnis der Menschwerdung Gottes in Christus — ist das nicht ein Ausdruck der göttlichen Zärtlichkeit? ... Das kommt mir immer wieder in den Sinn, wenn ich die einzigartige Solo-Arie »Et incarnatus est« aus der Großen C-Moll Messe (KV 427) von Mozart höre.

Die Sinnfrage —
»Logo-philosophisch« betrachtet

Wir wollen heute den einen und wahren Sinn der menschlichen Existenz thematisieren, bedenken und auch mit dem Herzen betrachten. Ich meine hier den *einen und ganzen, universalen und endgültigen Sinn* der ganzen menschlichen Existenz, der von Viktor E. Frankl *ÜBER-SINN* genannt wird. Es geht also um den *ABSOLUTEN SINN,* der — in der Sichtweise des Glaubens — einmal von uns Menschen jenseits von Raum und Zeit erfahren werden soll. In dieser Perspektive stellt sich die Sinnfrage als Gottesfrage.

Zunächst setzen wir einmal einfach voraus, daß es eine solche universale und absolute Sinnfrage gibt. Zweitens nehmen wir an, daß die Behauptung stimmt, daß es sinnvoll ist, die Sinnfrage im Hinblick des Absoluten zu stellen. Drittens soll vorausgesetzt werden, daß die Frage nach dem absoluten Sinn die wirkliche (und nicht bloß gedachte) Existenz eines solchen absoluten Sinnes in sich schließt. — Es versteht sich von selbst, daß die Voraussetzungen gar nicht selbstverständlich sind. Warum?

Agnostische und skeptische Menschen werden gleich — mit Recht — sagen, daß man einen totalen und endgültigen Sinn des Daseins nicht finden könne. Sie argumentieren folgendermaßen:

— Das Leben zerrinnt letztlich ins Leere;

— Die Frage und das Verlangen nach einem endgültigen, allumfassenden und absoluten Sinn der Existenz ist von vornherein sinnlos;

— Im Vollzug unseres Lebens machen wir zwar partielle oder fragmentarische (bruchstückhafte) Sinnerfahrungen, die aber eher Erfahrungen der Zweckhaftigkeit, Zweckdienlichkeit sind und nichts mit einem absoluten Sinn zu tun haben.

Diese nichtgläubige und aus dem ständigen Zweifeln herrührende Haltung hat gute Gründe.

1. Es scheint so zu sein, daß der allumfassende, alles in sich integrierende, absolute und zur Vollendung führende Sinn nicht in unserer Erfahrung vorkommt. Wir machen eben nur bruchstückhafte, partielle Sinnerfahrungen, die oft von einem unerwarteten Ereignis — z. B. Krieg, Trennung, Tod, Folter usw. — in Frage gestellt werden.

2. Wir machen auch die Erfahrung des Absurden, der Leere, des Sinnwidrigen, der Zerstörung. Nicht nur die Naturkatastrophen, sondern vor allem innerhalb der Geschichte gewirkte grauenvolle Handlungen, die kraft menschlicher Freiheit entstanden, gefährden massiv den Glauben an einen absoluten Sinn.

Soll oder sollte es — trotzdem! — einen totalen und absoluten Sinn des menschlichen Lebens geben, dann ist von vornherein klar, daß seine Bejahung zugleich die höchste Anstrengung seiner geistigen Vernunft *und* seiner Freiheit erfordert. Die Ganzheit eines wirklich absoluten Sinnes kann nur durch einen totalen Einsatz unserer menschlichen Existenz mit all ihren Dimensionen erreicht werden. Vernunft und Herz, Wille und Gefühl, Aktion und Kontemplation, Vertrauen und Mut sind gefragt. Und all das während eines ganzen Lebens — immer wieder, heute und morgen, in gesunden und in kranken Zeiten. Es geht schließlich um folgendes: Ist das Sein ein einziger großer Unsinn, ein Zufall, das Märchen eines Wahnsinnigen *oder* ein einziger großer Über-Sinn? (Den wir, weil er ein Über-Sinn ist, nicht mehr überblicken, begreifen können?)

Diese Frage ist von der Naturwissenschaft her nicht zu beantworten. Sie ist eine philosophische — mehr noch eine theologische — Frage. Dieses erste und letzte Problem (nein: Geheimnis!) des Menschen ist rein theoretisch nicht lösbar, sondern — so Frankl — es muß entschieden werden im Vollzug des eigenen Lebens.

Mit den Agnostikern und Skeptikern können wir ruhig sagen: Ja, alles Sein ist zweideutig. Beide Deutungen sind möglich: Unsinn und Übersinn. Beides ist denkbar: »sowohl, daß das Sein ein totaler Unsinn sei, als auch daß es ein totaler Übersinn sei; aber wir haben es hierbei eben nur mit zwei Denkbarkeiten, zwei Denkmöglichkeiten zu tun und nicht etwa mit Denknotwendigkeiten. Bei der von uns abverlangten *Entscheidung* stehen wir unter keinerlei logischem Zwang; keineswegs sind wir logisch gezwungen zur einen oder zur andern Entscheidung. Beide Deutungen sind logisch gleichberechtigt.

Die Gleichberechtigung beider Antworten: der Antwort ›absoluter Unsinn‹ ebenso wie der Antwort ›absoluter Übersinn‹ — macht die Verantwortung des Antwortenden aus. Er wird nicht nur vor eine Frage gestellt — nein: Der Gefragte wird vor eine Entscheidung gestellt, und zwar eine existentielle, aber nicht eine intellektuelle Entscheidung. Was er zu leisten hat, ist nicht das ›intelligere‹, nicht eine sachliche Einsicht — sondern ein persönlicher Einsatz. Gründe und Gegengründe halten einander die Waage; aber in die Waagschale wirft der Entscheidende das Gewicht seines Seins. Nicht das Wissen entscheidet diese Entscheidung, sondern der Glaube; aber *der Glaube ist nicht ein Denken, vermindert um die Realität des Gedachten, sondern ein Denken, vermehrt um die Existentialität des Denkenden.*«[1]

Summa summarum: Die Bejahung eines wirklichen, allumfassenden, absoluten Sinnes (Über-Sinn) ist eine Tat meiner ganzen Persönlichkeit — eine Tat, in der sich letztlich Erkenntnis und Freiheit, Theorie und Praxis, Einsicht und Liebe gegenseitig durchdringen.

Wir betrachten nun die partikulären, einzelnen Sinnerfahrungen — ich nenne sie *Teilsinnerfahrungen.* Jeder kennt sie. Ein Teilsinn geht uns auf, wenn wir
— die Ordnung des Himmels und der Sterne, den Kosmos und die Natur betrachten,
— ein weinendes Kind trösten oder einfach seine Augen anschauen,
— uns für mehr soziale Gerechtigkeit einsetzen,
— echte Zuneigung und Freundschaft erleben,
— Licht und Freude in das Leben anderer bringen,
— dem einmaligen Du in Liebe begegnen …

Es handelt sich hier um spontane, mir geschenkte, bruchstückhafte Sinnerfahrungen. Wenn ich diese Teilsinnerfahrungen beachte, zulasse, aufnehme und sie auskoste, werde ich durch sie Schritt für Schritt weitergeleitet. Eine *Ahnung* entsteht, eine *Sehnsucht* wird intensiver, eine *Dämmerung* wird wahrnehmbar …
Wenn ich dagegen aus Oberflächlichkeit (oder aus welchen Gründen auch immer) solche Teilsinnerfahrun-

---

[1] Frankl 1986, a.a.O., S. 274.

gen als leere Träumereien verwerfe und ablehne oder sage, sie seien bloße Sinneseindrücke, dann verliere ich etwas Entscheidendes im Leben — nämlich den Zugang zur Sinnfrage als Gottesfrage.

Es gibt schließlich den in einem bestimmten Kunsterlebnis erfahrbaren Sinn, dessen Inhalt *in sich selbst* sinnvoll erlebt wird. Es geht hier um ursprüngliche, unableitbare, unumstößlich wahre Sinnerfahrungen, die uns spontan, ohne unser Zutun, zu-fallen, also geschenkt werden.

Woher kommt es, daß ein Musikstück so schön sein kann, daß wir dadurch in ein Namenloses gerissen werden? Woher kommt es, daß ein Mensch, eine Landschaft, ein Bild so schön sein können, daß wir dadurch das Sichöffnen des Himmels erleben? Woher kommt es, daß uns in einer bestimmten Situation eine bestimmte sittliche Verpflichtung aufgehen kann, so daß wir von einer mystischen Berührung sprechen müssen? Woher kommen diese in sich selbst sinn-vollen Wirklichkeitsinhalte?

Damit ist natürlich noch nicht gesagt, daß das Suchen nach einem letzten Halt (nach einem letzten, absoluten Sinn) im Leben gleich nach einer ausdrücklich religiösen Anwort verlangen würde. Das Suchen kann sich sehr lange — sogar bis zum Tode — in der ganzen Breite und Länge des Vorletzten (ohne explizit auf Gott zu stoßen) bewegen. Und auch das Finden eines tragfähigen Sinngehaltes muß nicht bei jedem unbedingt und zwingend in einer letzten religiösen Antwort verankert sein.

Dennoch können wir nicht die Sinnfrage als Gottesfrage aus unserem Bewußtsein verbannen. Wohl kann man sie unterdrücken, verdrängen, zum Verstummen bringen. Bedenken wir: Bevor wir die Sinnfrage stellen, haben wir schon gelebt, gehandelt, gefühlt. War das nicht auch sinnvoll?

SINNFINDUNG MIT HILFE DER MUSIK

(Ein Ansatz zur schöpferischen Verbindung von Logos, Melos und Sophia)

Wesentliche Vorbemerkungen

Wenn die Logotherapie als eine Therapie vom Geistigen her die in ihrem Ansatz liegenden Heilungspotentiale voll entfalten will, dann ist es meines Erachtens konsequent und notwendig, eine Beziehung von der Logotherapie zu der geistigsten aller Künste — nämlich zur Musik — herzustellen. Musik bringt uns dem Geist am ehesten nahe. Sie läßt uns ahnen, was das Göttliche ist: einfach und ewig, mannigfaltig und dynamisch, kraftvoll und (auch in der Disharmonie) harmonisch, fließend in sich selbst und in der Welt als *Logos*. Wenn der *Logos* als Geist, Sinn und Über-Sinn den Menschen in seiner tiefsten Tiefe und in seiner Höhendimension ansprechen soll, dann warum nicht mit Hilfe des Melos? Logos und Melos sind »Geschwister«. Logos und Melos sind aufeinander verwiesen. Ihre Beziehung zueinander ist tiefer als man ahnt, und die heilende Wirkung des Melos ist stärker, als man annimmt. Die Musik ist die tönende Weisheit Gottes, »die allzeit spielt vor dem Antlitz Gottes, und deren Lust es ist, bei den Menschenkindern zu sein«.[1]

Im *Melos* spielt dem Menschen die göttliche *Sophia* ihre Sinnordnung vor, damit der Mensch ermutigt, gestärkt, getröstet und aufgerichtet wird. Musik ist demnach

---

[1] Hans Urs von Balthasar: Spiritus Creator. Skizzen zur Theologie III; Einsiedeln 1967, S. 471.

das tönende Gleichnis einer Sinnfülle und Sinnordnung, die alles Rationale übersteigt. Sie kann die scharfen Kanten und Ecken des allzu irdischen Realismus abdämpfen durch eine wissende Ahnung um die Erlöstheit des Daseins. Indem uns die Musik unsere Einmaligkeit und Einzigartigkeit bewußt macht, tröstet sie uns wie ein überirdischer Lenker, vorausgesetzt, daß wir uns von ihr berühren und führen lassen.

In der logotherapeutischen Praxis haben wir mit Menschen zu tun, die nicht von sich aus zur Sinnfindung kommen. Der logothera-peutisch arbeitende Berater kann viele Formen und Methoden der Hilfe anbieten. Dabei achtet er selbstverständlich darauf, daß er diejenigen Mittel einsetzt, mit denen er am besten umgehen kann. Ob seine Methode Dereflexion, Einstellungsmodulation, sokratisches Gespräch oder paradoxe Intention ist, muß er in der konkreten Situation der Beratung entscheiden.

Zu den geistigen Mitteln, die zum »therapeutischen Instrumentarium« gehören, zähle ich auch das Medium *Musik*. Darüber wurde in der logotherapeutischen Fachliteratur noch nicht bzw. kaum gesprochen. Es gibt eine *narrative Logotherapie*[2], die das Erzählen von Geschichten im Zusammenhang des therapeutischen Prozesses einsetzt. Diese Methode hat sich in der Praxis bewährt. Es gibt auch eine *Bibliotherapie*, die in der therapeutischen Beratung das Buch als Lebenshilfe verwendet[3], und auch das ist eine wirksame Form der Sinnfindung. Aber es gibt meines Wissens bisher noch keinen Ansatz, der *die Musik in Verbindung mit der Logothera-*

---

[2] Siehe Wolfram Kurz: Suche nach Sinn; Würzburg 1991, S. 85–99.
[3] Siehe Elisabeth Lukas: Geist und Sinn. Logotherapie — die dritte Wiener Schule der Psychotherapie; München 1990, S. 57–72.

pie fruchtbar zu machen versucht.[4] Da ich selbst einen
tiefen Zugang zur klassischen Musik habe und mit ihr im
Hinblick auf Sinnfindung und Sinnerleben in vielen
Gruppen sehr gute Erfahrungen gemacht habe, liegt mir
viel daran, diese Erfahrungen im logotherapeutischen
Kontext darzustellen. Dieser Ansatz versteht sich als
mein Beitrag zur Sinn- und Selbsterkenntnis, zur Wert-
und Sinnerfahrung im und mit dem Medium der Musik.
Es geht mir primär nicht um musiktherapeutische
Aspekte, sondern schwerpunktmäßig um die Beschreibung einer bestimmten Hörweise, die sowohl dem einzelnen Menschen hilfreich ist als auch im Kontext der
Beratung die *Sensibilität für den Logos* verfeinert. Es soll
ein meditativer Akt des Hörens gezeigt werden, der geeignet ist, die logotherapeutische Hilfe wirksam zu unterstützen. Dabei wird sich zeigen, daß die eher kognitiv
ausgerichtete Logotherapie mit Hilfe des Melos durchaus
fähig ist, das geistig Unbewußte, das Emotionale und den
nicht von der Ratio dirigierten Bereich (»Bauchbereich«)
anzusprechen. Denn im Horchen auf die Musik geschieht
die existentielle und emotionale Aneignung von Erkennt-
nissen. Eine begriffliche Erklärung dieser Erkenntnisse
ist kaum möglich. Sprechen wir trotzdem davon, dann
läßt sich etwa folgendes sagen: In der Musik begegnet
der Mensch dem Logos und dadurch auch dem eigenen
Selbst. Wenn diese doppelte Begegnung genügend tief
und intensiv ist, erkennt der Mensch sogar jene ideale
Form seines Wesens, die er noch werden kann: Er erkennt sich, wie Gott ihn gemeint hat. Natürlich gehört

---

4 Siehe dazu O. Zsok: Logotherapie und Musik. Variationen über
   die Komplementarität von Sinn und Melos; in: Journal des Viktor-
   Frankl-Instituts Nr. 1 (1994), S. 74–80.

dazu viel Übung. Das Hören und das Hinhorchen, das Im-Jetzt-da-sein, die Konzentration sind unerläßliche Voraussetzungen einer solchen Begegnung.

Die nun folgenden Reflexionen sollten langsam, meditativ und besinnlich gelesen werden. Ich kann den Lesern nur empfehlen, sich die angegebenen musikalischen Beispiele an der entsprechenden Stelle anzuhören und meditativ auf sich wirken zu lassen. Eine kurze Erläuterung zur Frage, was mit »meditativ« gemeint ist, scheint mir an dieser Stelle wichtig. Da wäre zunächst *das Stillschweigen* zu nennen: Man soll innerlich und äußerlich still werden vor, während und nach dem Hören einer Melodie. Das ist eine innere Haltung und Wachsamkeit, in der man nichts denken sollte. Zweitens: *Die Körperhaltung* soll zwar bequem sein, aber nicht lässig. Am besten benützt man einen Meditationsschemel oder man sitzt kerzengerade auf einem Stuhl. Die Wachsamkeit des Geistes wird durch die disziplinierte Körperhaltung gestärkt. Drittens: Man soll der Wirkung der Musik in der Seele, in den »Innenräumen« nachspüren, nachgehen und nachfühlen, denn die Stille, die *danach* erfahrbar ist, hat eine besondere Qualität.

Unter dem Begriff »wirklich große Musik« verstehe ich diejenige Musik, die von Namen geprägt ist wie: Palestrina und Orlando di Lasso, Monteverdi, Bach, Händel, Gluck, Haydn, Mozart, Beethoven, Mendelssohn-Bartholdy, Schubert, Schumann, Débussy, Chopin, Brahms, Bruckner, Mahler, Wagner, Anton Dvořák, Richard Strauss, — ohne damit behaupten zu wollen, daß diese Aufzählung vollständig ist. Jedenfalls beziehe ich mich auf die Werke dieser Musiker, wenn ich in den folgenden Überlegungen und Betrachtungen von »Musik« spreche. Die große Musik des Abendlandes enthält eine erstaunliche geistig-spirituelle Kraft, *die es freizulegen gilt und die für die Sinnerfahrung fruchtbar gemacht werden soll.* Ich stimme mit der Pädagogin und Psychologin Marianne Kawohl überein, wenn sie schreibt: »In meiner Praxis habe ich die Erfahrung gemacht, daß klassische Musik die stärkste heilende Wirkung hat — zumindest Heilung einleiten kann. Alle andere Musik verblaßt hinter der Klassik — mit Ausnahme der Gregorianik.«[5]

Die Musik der großen Meister enthält alles, was wir heutigen Menschen brauchen:

— ganzheitliche Sinnwahrnehmung oder integrale Bewußtseinsform,
— kosmische Öffnung und Weitung,
— Verbindung von Eros und Logos, von Animus und Anima, von Geist und Psychophysikum,
— das Schöne und das Gute,
— das Wahre und das Wahrhaftige,
— Ruhe und Frieden,
— Zärtlichkeit und Harmonie,
— Hoffnung, Liebe und Vertrauen …

Sie enthält eine Tiefen- und Höhendimension, von denen verschiedene Psychologien und Theologien nur vage, stotternd und sehr unvollkommen sprechen können. Die Musik ist »eine große und überaus herrliche Kunst, wirkt mächtiger als irgendeine andre auf das Innerste des Menschen, wird dort ganz, tief und innig verstanden, als eine ganz allgemeine Sprache, deren Verständnis angeboren ist und deren Deutlichkeit sogar die der anschauli-

---

5 Marianne Kawohl: Heilkraft der Musik. Ein Leitfaden mit vielen Anwendungsbeispielen; Freiburg 1989, S. 49.

chen Welt selbst übertrifft«.[6] So verstand Arthur Schopenhauer die Musik seiner Zeit und widmete ihr in seinen Vorlesungen (über die »Metaphysik des Schönen«) im Jahre 1820 tiefschürfende Analysen. Daß er dabei an die großen Meister der Klassik dachte, versteht sich von selbst.

Musik und Erlebniswerte

Die wirklich große Musik ist eines der wunderlichsten und geheimnisvollsten »Dinge« der Welt. Sie hat große Philosophen, aber auch durchschnittliche, mittelmäßige Menschen (vorausgesetzt, daß sie ihr mit Liebe zugehört haben) immer wieder in höchstes Erstaunen versetzt. Auch therapeutisch gesehen, ist die Musik eine u. U. (fast) unübertreffliche und geheimnisvolle Medizin für die Seele und für den Geist. Mehr noch: Die Musik kann dahingehend wirken, daß sie das tiefe Sinnlosigkeitsgefühl, die Verzweiflung und die Langeweile, die uns manchmal überfallen, verschwinden läßt bzw. die echte und unumstößliche Evidenz vermittelt, daß dieses irdische Leben — trotz allem! — einen Sinn hat. Insofern ist die Musik ein Medium des Erlebniswertes, ein Weg zur Heilung und für manche Menschen ein Weg der Begegnung mit dem Absoluten.

Die Sinnerfahrung durch Erlebniswerte ereignet sich in der intensiven Wahrnehmung der Gegenwart. Eine solche Sinnerfahrung setzt Öffnung und Hingabe voraus.

---

[6] Arthur Schopenhauer: Metaphysik des Schönen. Herausgegeben und eingeleitet von Volker Spierling; München-Zürich 1988, S. 214.

Frankl bringt ein sehr eindrucksvolles Beispiel dazu. Er schreibt:

»Sollte jemand daran zweifeln, daß der aktuelle Sinn eines Augenblicks im menschlichen Dasein in bloßem Erleben erfüllt werden kann, ... dann sei er auf folgendes Gedankenexperiment verwiesen. Er stelle sich vor, daß ein musikalischer Mensch im Konzertsaal sitzt und an seinem Ohr soeben die eindrucksvollsten Takte seiner Lieblingssymphonie vorüberrauschen, so daß er nur jenen Schauer empfindet, den man angesichts reinster Schönheit erlebt; er stelle sich nun vor, daß man diesem Menschen in einem solchen Moment die Frage vorlegen könnte, ob sein Leben einen Sinn habe; der so Befragte würde wohl antworten müssen, daß es schon dafürgestanden wäre, zu leben, allein um jenen verzückten Augenblick zu erleben ... [...] So entscheiden ... im Leben über dessen Sinnhaftigkeit die Gipfelpunkte, und ein einziger Augenblick kann rückwirkend dem ganzen Leben Sinn geben.«[7] Die Gewißheit, daß das Leben einen Sinn hat, wenn man sich von der Musik tief berühren läßt, — das ist die Aussage in diesem Text. Man weiß aus Frankls eigener Äußerung, daß er hier an die Musik Gustav Mahlers gedacht hat. Diese Erfahrung in der Logotherapie zu vermitteln, scheint mir von eminenter Bedeutung zu sein.

Ein weiteres Zeugnis soll nun zitiert werden. Der russische Komponist Peter Iljitsch Tschaikowsky, der oft nur aufgrund einer tiefen Liebesbeziehung zur Musik seine Depressionen überwinden konnte, schrieb in einem Brief an Nadeshda von Meck:

---

[7]   Viktor E. Frankl: Ärztliche Seelsorge; a.a.O., S. 81–82.

»Auch ich wundere mich darüber, daß ein so gebrochener, geistig und seelisch nicht ganz gesunder Mensch wie ich, die Fähigkeit bewahrt hat, Mozartsche Musik zu genießen. Vielleicht liebe ich ihn gerade so, weil ich mich, als Kind meines Jahrhunderts innerlich verwirrt und moralisch angekränkelt, von seiner gesunden Lebensfreude und der Reinheit einer von Grübeleien nicht vergifteten Natur angezogen, getröstet und beruhigt fühle. […] Weder deprimiert noch erschüttert mich Mozarts Musik, aber sie bezaubert mich: Ihr zu lauschen bereitet mir ungetrübte Freude, löst ein Gefühl der Wärme in mir aus, ruft ein Empfinden hervor, als habe ich eine gute Tat vollbracht. […] Wenn Beethoven in meinem Herzen eine ähnliche Stellung einnimmt wie der Gott Jehova, so liebe ich Mozart gewissermaßen als den musikalischen Christus. Dieser Vergleich dünkt mir keine Lästerung. Mozart war rein wie ein Engel und seine Musik ist reich an göttlicher Schönheit.«[8]

Die existentielle Tragweite dieser »Bekenntnisse« wird uns nur dann von innen her berühren, wenn wir uns der Mozartschen Musik liebevoll hingeben. Manchmal müßte aus dieser Hingabe ein Hinknien werden, um dem Unsagbaren jener Musik in unserem Innenraum Platz zu schaffen. Zweifellos sind ähnliche Erfahrungen auch mit der Musik anderer großer Meister möglich. Der entscheidende »springende Funke« für solch eine tiefe Erfahrung hängt letztlich an der gelösten Bereitschaft des Hörers bzw. des Patienten zur Faszination. Welche Elemente der Musik oder der Musikinterpretation diese Faszination auslösen, ist ebenfalls eine Sache des Patienten (des Hö-

---

[8]   Zitiert nach George Balan: Pioniere der Musikmeditation. Musicosophia-Bibliothek Bd. X; St. Peter/Schwarzwald 1987, S. 82–84.

rers): Vom Angerührtsein über Festgehaltensein bis zur Entdeckung des Logos steht uns ein breites Wahrnehmungsfeld zur Verfügung. Der eine fühlt sich durch eine Stimme, der andere durch ein perfekt virtuos gespieltes Instrument beglückt, und der Dritte ist entzückt von der Schönheit der Melodie... Was wäre dagegen einzuwenden? Ist es nicht so, daß alles Vollkommene schließlich ein Hinweis auf den Logos ist? Der Leser sollte hier innehalten, um sich ein großes Werk anzuhören, das geeignet ist, die Betrachtungen Tschaikowskys konkret nachzuvollziehen. Ich nenne hier folgende Werke:

a) die 6. und 7. Sinfonie von Ludwig van Beethoven;
b) Divertimento in Es-dur, KV 563, 2. Satz, Adagio, von Wolfgang Amadeus Mozart;
c) Missa Papae Marcelli von Palestrina, vor allem das Kyrie;
d) »Preghiera« der 4. Orchestersuite »Mozartiana« von Tschaikowsky.

Der russische Komponist spricht in seinem persönlichen Zeugnis von der »göttlichen Schönheit« der Mozartschen Musik. Ist damit nicht diejenige Sinnerfahrung genannt, die Frankl mit den Worten »Schauer angesichts reinster Schönheit« beschreibt?

Für mich liegt diesen Erfahrungen eine gemeinsame Struktur zugrunde. Logotherapeutisch ausgedrückt, handelt es sich hier um die Dimension der Erlebniswerte — um jene Dimension der Sinnerfahrung, in der sich Gipfelpunkte ereignen können, die rückwirkend dem ganzen Leben eines Menschen Sinn verleihen.

Diese existentielle Erkenntnis Frankls soll in den folgenden meditativen Überlegungen entfaltet und exemplifiziert werden.

Wie läßt sich die *Dimension der Erlebniswerte* definieren? Was sagen wir eigentlich, wenn wir von einem »tollen« oder »wunderbaren« oder »überwältigenden« Erlebnis sprechen? Meistens meinen wir mit dem Wort »Erlebnis« eine *Begegnung* mit einem Menschen oder mit einem konkreten »Ding« (ein Stück Natur, eine Landschaft, ein Bild usw.). Durch diese Begegnung *geschieht etwas mit uns:* Wir werden berührt

— von der Schönheit (z. B. eines Bildes oder eines Gesichtes),

— von der Güte und der Liebe (z. B. eines Menschen),

— von der Wahrhaftigkeit, Aufrichtigkeit und Heiligkeit (z. B. eines Menschen, der wahrhaftig und heilig lebt und wirkt).

Die Berührung kommt jedenfalls von außen auf uns zu, »nämlich durch die Überführung einer wertvollen äußeren Realität ins Innere der Person. [...] Der sich in diesem Zusammenhang ereignende Prozeß ist das *Erlebnis.*«[9]

Und was da erlebt wird, ist ein *Wert,* nämlich: Schönheit, Güte, Liebe, Wahrhaftigkeit, Heiligkeit — um den Bezug zu den Beispielen aufzunehmen. Das Erlebnis als Prozeß »setzt auf der Seite des Menschen Offenheit, Beeindruckbarkeit, Genußfähigkeit und Wertfühligkeit voraus. [...] Wenn der Mensch die erhabenen Bilder der Natur, die schönen Bilder der Kunst, die ergreifenden Bilder (bzw. Melodien — O. Zs.) der Musik oder das einzigartige Bild einer geliebten Person in sein Inneres hineinnimmt, wenn er sich beeindrucken läßt, die Bilder intellektuell in ihrer Struktur nachzeichnet und emotional in ihren Farbtönen und Tonfarben nachfühlt, dann ereignet

---

[9] Wolfram Kurz: Suche nach Sinn; a.a.O., S. 76.

sich das, was Frankl Erlebnis nennt. Ein derartiges Erlebnis ist voller Wert, wird deshalb als wertvoll empfunden, und im Prozeß dieses wertorientierten Empfindens werden Erlebniswerte aktuell. Ein ausgezeichnetes Beispiel dafür ist die sich zwischen zwei Menschen ereignende Liebe, die Frankl als das Erleben des anderen Menschen in dessen ganzer Einmaligkeit und Einzigartigkeit begreift.«[10] Aber auch das Erleben der eigenen Einmaligkeit und Einzigartigkeit ist ein Erlebniswert und gerade das kann uns die Musik bewußt machen.

Zu einer nächsten Erfahrung mit den ergreifenden Melodien der Musik empfehle ich dem Leser an dieser Stelle, ein Stück von Joseph Haydn anzuhören, nämlich: das Streichquartett F-dur, Hob. III, Nr. 17, vor allem den 2. Satz: Andante cantabile. Nach mehrmaligem Hören möge der Leser sich vorstellen, daß er diese Musik als Versöhnungsakt mit dem geliebten Menschen zusammen anhört und sich seinem Partner aus tiefstem Herzen, ganz zuwendet.

Musik als Offenbarung der »makellosesten Schönheit«

Wenn bei dem hier zu betrachtenden Thema von der »reinsten Schönheit« die Rede ist, dann, so muß man fragen, ist sie nur zu sehen, oder auch zu hören? Denn mit dem Begriff »Schönheit« verbinden wir zunächst etwas Bildhaftes, was man mit den Augen sehen kann. Andererseits aber hören wir Melodien, Musik, die wir ebenfalls mit dem Wort »schön« bezeichnen; manchmal sprechen wir sogar von dem namenlos Schönen, wenn uns eine

---

[10] Idem.

Melodie unaussprechlich tief und ganzheitlich berührt hat.

Wir vernehmen durch Horchen und Lauschen jene reinste Schönheit, die in uns den metaphysischen Schauer hervorruft. Deshalb stellt sich eine weitere Frage, die das Erleben der Musik aufwirft: Geht es dabei nicht um ein Erlebnis, das mit der Quelle des Religiösen und des Heiligen zu tun hat? Das Schöne und das Heilige (zusammen mit dem Wahren und mit dem Guten) sind Ur-Werte, nach denen der Mensch von Natur aus strebt. Kunst und Religion, Philosophie, Ethik und Wissenschaft sind die »Beweise« des menschlichen Strebens nach Ur-Werten.

Von »makellosester Schönheit« spricht Antonio Salieri in dem berühmten Film »Amadeus«, als er die »überirdischen« Klänge der Mozartschen Musik vernimmt. (Es lohnt sich an dieser Stelle die Sinfonie Nr. 29, A-dur, KV 201, und das Kyrie aus der Großen Messe in C-moll, KV 427, anzuhören, um Salieris Worte innerlich nachvollziehen zu können.) — Und Beethovens Äußerung, in einem Gespräch mit Bettina Brentano, ist weder Einbildung noch Größenwahn, sondern der sprachliche Ausdruck einer künstlerischen und umfassenden Erfahrung, die alle sensiblen Menschen nachvollziehen können:

»Wem meine Musik sich verständlich macht, der muß frei werden von all dem Elend, womit sich die anderen schleppen; einem solchen Menschen muß die Musik Feuer aus dem Geist schlagen.«[11] Denn so sagt Beethoven an einer anderen Stelle: »So vertritt die Kunst (gemeint ist die Tonkunst — O. Zs.) allemal die Gottheit, und das menschliche Verhältnis zu ihr ist Religion; was wir

[11] Zitiert nach George Balan: Einführung in die Musikmeditation; Neustadt/Aisch 1982, S. 9.

durch die Kunst erwerben, das ist von Gott, göttliche Eingebung, die den menschlichen Befähigungen ein Ziel steckt, das er erreicht. Wenn ich die Augen aufschlage, so muß ich seufzen, denn was ich sehe, ist gegen meine Religion, und die Welt muß ich verachten, die nicht ahnt, daß Musik höhere Offenbarung ist als alle Weisheit und Philosophie… Musik gibt dem Geist die Beziehung zur Harmonie. …so ist jeder Gedanke in der Musik in innigster, unteilbarster Verwandtschaft mit der Gesamtheit der Harmonie die Einheit.«[12]

An dieser Stelle sollte unbedingt der 2. Satz »Larghetto« aus dem Violinkonzert D-dur, op. 61 von Ludwig van Beethoven und anschließend das Klarinettenkonzert in A-dur, KV 622, von W. A. Mozart meditativ angehört werden.

Bedenken wir noch einmal die Frage: Was ist das für eine Schönheit, die sich in der (klassischen und sakralen) Musik kundtut? Die Antwort hierauf findet sich, wenn wir darauf achten, was in uns beim Vernehmen des Schönen in der Musik vorgeht. Meine Freude am Schönen in der Musik liegt in einer (für mich als einzigartig dastehenden) *geistigen Erkenntnis:* Ich erkenne in ihr eine Sprache der Liebe, die nichts beabsichtigt. Das ist vor allem in der Mozartschen Musik der Fall. Ich erkenne in ihr die Sprache der liebenden Seelen, die singen und musizieren müssen, wenn sie ihre Liebe mitteilen wollen. Und die Liebe in musikalischer Gestalt bringt jenen Schauer hervor, den wir angesichts reinster Schönheit empfinden. Diese Empfindung ist Erschütterung und Ergriffensein, metaphysischer Schauer und Durchdrungensein von einer *»höheren Gegenwart«.* In ihr offenbart

---

12 Zitiert nach J. Kirchhoff 1989, S. 167f.

sich die »makelloseste Schönheit«. Jene Erfahrung mit
der Quelle des Religiösen und des Heiligen in Verbindung zu bringen, ist mehr als eine Vermutung. Eine solche »Vermutung« hat nicht nur mit einem persönlichen
Hörerlebnis zu tun. Sie verweist auf eine »göttliche
Schönheit« hin, deren Wahrnehmung nur mit »den Augen des Gehörs« möglich ist. Für Hans Urs von Balthasar
ist in der Mozartschen Musik »die Offenbarung der ewigen Schönheit in einem echten irdischen Leibe ... beglückende Wirklichkeit« geworden.[13] Es handelt sich um
das Schöne, das gut, wahr und heilig ist. Es begründet
eine zweckfreie Erfahrung, die sich selbst rechtfertigt.
Das ist nicht mehr definierbar durch das Denken, aber
erlebbar.

Musikhören als Horchen auf den Sinn

Wir brauchen nicht unbedingt nach Japan und nach In-
dien zu reisen, um tiefe spirituelle Erfahrungen zu machen. Es ist eine Art Mode geworden, daß der westliche
Mensch in der fernöstlichen Weisheit den Sinn seines
Lebens sucht. Es ist nicht meine Absicht, diesen »Trend«
abzuwerten. Im Gegenteil: Ich denke, daß die von dem
Jesuitenpater Hugo M. Enomiya Lassalle vertretene Zen-
Meditation oder verschiedene Yoga-Übungen dem westlichen Menschen eine besondere Hilfe bei der Suche nach
Transzendenz sein können. Worauf ich hinaus will, ist lediglich der Hinweis darauf, daß unsere Sinnleere sich
sehr gut auch bei uns in der abendländischen Kultur mit
Sinn füllen läßt. Der Japaner Dankei Soseki adressierte

---

[13] Hans Urs von Balthasar, a.a.O., S. 471.

an den Westen die Worte: »Euer Hakuin ist Beethoven«.
Gemeint ist damit folgendes: Was für die japanische Zen-
Kultur der große Zen-Meister Hakuin (1685–1768) bedeutet, das könnte und sollte Beethoven für das Abend-
land bedeuten.[14] Das musikalische Werk der großen euro-
päischen Meister der Klassik, aber auch die gregoriani-
sche Musik, beinhalten eigentlich alles, wonach wir Eu-
ropäer uns auch heute noch sehnen. Und wonach sehnen
wir uns? Nach Glückseligkeit, das heißt: Frieden, Harmonie, Freude, Liebe, sinnerfülltes Dasein … Eine unschätz-
bare spirituelle Quelle haben wir in Beethoven, Bach,
Mozart — um nur einige zu nennen. Unsere Einstellung
zu diesen Quellen ist immer noch zu intellektuell, ratio-
nalistisch und genußsüchtig. Es gilt, die Form des Meditativen im Umgang mit unseren spirituellen Quellen zu
pflegen.

Haben Sie sich schon intensiv mit dem Werk eines
großen Musikers auseinandergesetzt? Ich darf davon ausgehen, daß Sie das gemacht haben. Intensiv — das heißt:
nicht als Hintergrundmusik das Werk eines Tondichters
hören, sondern hingebungsvoll, gegenwärtig, sich innerlich öffnend und mit Liebe zuhörend. Intensiv — das
heißt: sich von den Melodien der Musik *innerlich
woandershin* führen lassen. Vielleicht so, daß man merkt:
»Dort, in dir, geschieht das unerhörteste menschliche
Abenteuer« — um in diesem Zusammenhang die Worte
eines Mystikers zu gebrauchen.[15]

---

[14] Vgl. Jochen Kirchhoff, a.a.O., S. 166.
[15] Roger Schutz: Vertrauen wie Feuer. Tagebuchaufzeichnungen;
Freiburg 1985, S. 5.

Mir geht es in dieser Erfahrungsdimension des Hörens etwa folgendermaßen: Sooft ich das tue, sooft ich mich der wirklich großen Musik öffne und mich von ihr führen lasse, merke ich plötzlich, wie sehr ich vom Gegenüber des Klangkörpers loskomme und nur noch Musik höre, wobei ich woandershin geführt werde und dann doch ein Gegenüber, *eine höhere Gegenwart* vernehme und er-spüre, die *mich* durch die Töne und Melodien der Musik an-spricht, be-rührt. Während ich so — maximal geöffnet und hingegeben — lausche, *ereignet* sich etwas. Die Töne der Musik wirken in mir nach, es geschieht etwas mit ih-nen, sie verwandeln sich in Klang und resonieren in mei-nen Innenräumen. Ich spüre immer wieder einen Anruf, mein Leben so transparent zu gestalten, wie ich es in der Musik vernehme.

Aleks Pontvik, der Begründer der Musiktherapie, sprach von »Erlebniswerten«, die sich dem Menschen durch die Musik erschließen. Ob er dabei den Bezug zur Logotherapie vor Augen hatte, entzieht sich meiner Kenntnis. Man müsse zunächst die untrennbare Einheit von musikalischen Grundelementen und der menschli-chen Natur begreifen, um dann den Zugang zu den Er-lebniswerten zu finden, die ihrerseits die Kraft besitzen, den Menschen zu verändern — sagte Pontvik.

Ton, Klang, Harmonie sind musikalische Grundele-mente, die ihre Entsprechung in der menschlichen Natur haben. Der Ton als Klang, also als dasjenige musikali-sche Element, das in meiner Seele widerhallt, mich zum »re-sonare« bringt, deutet auf eine Welt hin, die im Mu-sikerlebnis als Resonanzraum erscheint. Die Korrespon-denz zum »re-sonare« ist das »per-sonare«: Die mensch-liche Person, die durch-tönt und durch-drungen ist und wird vom Göttlichen.

Eugène Minkowsky schreibt: »Das Erklingen eines Tones verwandelt die Welt, erfüllt einen bisher leeren ›Raum‹ mit Dasein und Leben. Indem wir ihn hören, entdecken wir eine neue Daseinsweise, eine neue Eigentümlichkeit der Welt, die Welt als Widerhall, als Klangwelt, als Resonanzraum. Das Phänomen des Widerhalls eröffnet eine ganz wesentliche Eigenart unseres Daseins und unserer Welt der Zweisamkeit, des Ich und des Du, in der ich nicht isoliert, sondern mit *anderen* verbunden bin.«[16] Die Verbundenheit ist das Prinzip der Sinnerfahrung und die Sinnlosigkeit ist das Gegenteil: die Isolation. Doch in der Einsamkeit des Hörens und Lauschens erfahre ich die Verbundenheit mit einer höheren Welt: Das ist das Paradoxon der Musikmeditation. Der Mensch selbst ist ein Paradoxon: ein Mangelwesen des Himmels und der Erde. Eine Ahnung in ihm dämmert, wenn er seine innere Leere füllen läßt.

Sucht man nach den allerersten Bewußtseinsinhalten, die ein Mensch hat, so kommt man zu dem erstaunlichen Ergebnis, daß im embryonalen Zustand der Rhythmus — nämlich der Herzschlag der Mutter — die erste Wahrnehmung ist, die sich dem werdenden Bewußtsein einprägt. Die tönende Stimme der Mutter und der mütterliche Herzschlag eröffnen dem Embryo das »Da« der Welt, — sein Dasein. Im Du der Mutter, vermittelt durch die Stimme und durch den Herzschlag, wird die Welt für das Kind gegenwärtig. Bewußtes Leben beginnt anscheinend mit dem Horchen auf etwas Musikalisches — mit dem Horchen auf den Rhythmus. Wissenschaftliche Untersu-

---

[16] Zitiert nach Angela Steiger-Ronner: Werterkennen und Werterleben in der Musik. Wege zur Sinnfindung aus logotherapeutischer Sicht; in: Logotherapie und Existenzanalyse 1/1993, S. 21–22.

chungen haben gezeigt, daß die ersten Bewußtseinsinhalte (man nennt sie »Engramme«) durch das Ohr schon im Mutterleib gespeichert werden. Außerdem weiß man, daß schon von der 26. Woche an das ungeborene Kind auf Geräusche von außerhalb reagiert. Präzise Untersuchungen haben gezeigt, daß Musik und Stimmen »von draußen« relativ unverzerrt das ungeborene Kind »drinnen« erreichen. Der Fötus reagiert auf leise, rhythmische Stimmen und Melodien durch einen verlangsamten Herzrhythmus. »Es ist, als hielte das ungeborene Kind inne, um zu lauschen, im Zustand höchster Aufmerksamkeit. Tatsächlich scheint sowohl für den Fötus wie für das gerade zur Welt gekommene Baby die Grundregel zu gelten: Überraschung und Erschrecken beschleunigen, Aufmerksamkeit verlangsamt den Herzrhythmus.«[17]

Das Hören ist das erste Wahrnehmungssystem, das in uns heranreift. So wird durch das Ohr als »der am frühesten zur Entwicklung gelangende Sinn des Menschen ... das Hören zum *Urphänomen der Menschwerdung,* des menschlichen Seins, der Begegnung mit dem Du«[18]. Einen ähnlichen Gedanken hat — in einem anderen Zusammenhang — der Apostel Paulus ausgesprochen, wenn er sagt, daß der Glaube durch das Hören kommt (Römerbrief 10, 17). Und er fügt noch hinzu: »Das Hören aber kommt durch das Wort Christi.« Der Glaube gehört fundamental zur Menschwerdung. Die durch erleuchtete und gläubige Menschen vermittelte Botschaft einer höheren Welt erreicht uns anscheinend durch das Hören. Gott wurde von niemandem gesehen; aber gehört haben Ihn

---

[17] Katharina Zimmer: Erziehung schon im Mutterleib? In: Süddeutsche Zeitung, Magazin Nr. 15 vom 10. 4. 1992, S. 12f.
[18] Angela Steiger-Ronner, a.a.O., S. 22.

viele Menschen, z. B. diejenigen, die Offenbarungsträger waren. Gott ist und bleibt unsichtbar — womit nicht behauptet wird, daß wir keine sichtbaren Spuren des Göttlichen vorfänden. Auch die bildende Kunst (Malerei, Skulptur, Architektur) läßt das Göttliche durchscheinen; doch soll hier davon die Rede sein, daß *Er* hörbar wird, und zwar nicht nur, aber *auch* in der wirklich großen Musik des Abendlandes.

An dieser Stelle kommen mir folgende Fragen in den Sinn: Das Ohr als das erste Sinnesorgan für die Wahrnehmung des Sinnes? Das Hören als Grundvoraussetzung des Verstehens überhaupt? Und: Hinhören und Horchen als Lebensgesetze? Horchen als Voraussetzung der Lebensbejahung und der Liebe zum Leben? Diese Fragen sind gar nicht so abwegig — nein, mit der Erfahrung des Musikerlebnisses in uns sind sie höchst bedeutungsvoll. Ja, auf den Klang des Lebens zu horchen, heißt dem Menschsein gerecht zu werden. Der Klang des Lebens, zuerst durch den Rhythmus des Herzschlags der Mutter vermittelt, ist — Sinn. Im Anfang war der Sinn. Im Anfang war der Sinn eingebettet in Klang. Und gleich darauf war das Horchen auf den Sinn. Ich komme zurück auf die musikalische Urerfahrung des Menschen im pränatalen Zustand. Steiger-Ronner schreibt: »Aus der Ur-Erfahrung ... des Menschen mit dem Leben durch die Mutterstimme und den Klang des Mutterherzens entwickelt der Audio-Psycho-Phonologe Alfred Tomatis eine ganze, faszinierende Philosophie des Horchens, wo das Hören eben nicht mehr nur ein organischer Vorgang ist, sondern auf philosophisch-psychologischer Ebene sich ausweitet zum *Horchen,* zum Er-horchen des Lebens und im existentiellen Sinne einen Weg zur Sinnfindung entstehen läßt: Horchen auf den Klang des Lebens,

Horchen als seelische und geistige Aktivität, als Fähigkeit mit offenen Ohren zu leben, zu er-leben, zu erkennen, auf den Logos zu horchen, Horchen auch als zwingende Vorbedingung zur Kommunikation, zur Fähigkeit, sich dem anderen zu öffnen, den Dialog zu ermöglichen, ›einen Einklang herzustellen, der von Verständnis und Liebe getragen ist‹, also Horchen als Voraussetzung für Lebensbejahung und Liebesfähigkeit.«[19]

Auf eine ähnliche existentielle Dimension des Musikalischen weist der Komponist und Dirigent Wolfgang Hoffmann hin. Er schreibt: »Ehe der Mensch sieht und Geschautes erfassen kann, ehe er die Sprache lernt und darin einen Sinn erkennen kann, ist er im Mutterleib den Urquellen aller Musik ausgesetzt, dem Rhythmus (Herzschlag der Mutter) und dem Melos (Sprachmelodie der Mutter). So führt uns gute Musik, Musik, die aus einem guten Geist geschrieben wurde, zu unseren ersten Eindrücken zurück. Geht man zum Anfang zurück, so entwirrt sich vieles in uns, was wir im Laufe des Lebens selbst verwirrt haben oder was von anderen verwirrt worden ist. Hierin sehe ich die Chancen einer Musiktherapie, sowohl in der aktiven Weise der eigenen Betätigung wie auch in der passiven Weise des Hörens.«[20] Das wirkliche Hören scheint aber nur vordergründig passiv zu sein, denn in der Tat ist es ein höchst aktiver und schöpferischer Akt, nicht weniger wichtig als das Komponieren. Darum geht es im nächsten Gedankengang.

---

[19] Idem, S. 23.
[20] Zitiert nach Marianne Kawohl, a.a.O., S. 59.

Der schöpferische Akt des Hörens

In der Musik ereignet sich eine Art »Wunder des Menschseins« — ein Wunder, das sich nur im Hören erschließt. Um das zu verstehen, muß man sich vergegenwärtigen, daß das musikalische Phänomen sich in drei schöpferischen Phasen — im Komponieren, Interpretieren und Hören — ereignet. Mit der dritten Phase — also mit dem Hören — hängt das Wunder des Menschseins zutiefst zusammen. Das möchte ich kurz erläutern. In der ersten schöpferischen Phase schafft der unter höherer Inspiration stehende Komponist die Musik in seinem Geiste. Die Musik ist sozusagen zunächst im Geiste des Komponisten präsent, der sie in einem ersten schöpferischen Akt in Noten umsetzt. In der zweiten Phase wird die in Noten umgesetzte Musik interpretiert. Da spielen der Dirigent und das Orchester oder Sänger oder Instrumentalsolisten eine große Rolle. In der dritten schöpferischen Phase bringt dann der Hörer selbst den musikalischen Prozeß zur Vollendung. In seiner bewußten Begegnung mit der Musik, indem er den geheimnisvollen Klängen aufmerksam lauscht, erlebt der Hörer eine Öffnung und eine Weitung. Ihm offenbart sich eine sakrale Dimension des Daseins. So vollzieht der Hörer in seinem eigenen Innenraum die dritte schöpferische Phase des musikalischen Phänomens. Daraus folgt, daß das richtige Hören ein echt schöpferischer Akt ist, nicht weniger wichtig als das Komponieren und Interpretieren. Diese von der Schule *Musicosophia* übernommenen Grundgedanken sind an dieser Stelle von großer Bedeutung. Geht es doch darum, *daß im Erleben der wirklich großen Musik diejenige Einheit des Ganzen erlebbar bzw. vernehmbar wird, die den*

Inhalt des einen und letzten, totalen und universalen Sinns ausmacht. Das Wunder des Menschseins in der Musik besteht darin, daß die zunächst außerhalb von mir erklungene Musik in mir Resonanz findet und zum »Spiegel des Ganzen« wird. Ich komme in Schwingung. Ich nehme »Räume« in mir wahr, die ausgefüllt werden. Ich vernehme einen großen und harmonischen *Sinnzusammenhang,* ich bejahe spontan und mit allen Fasern meines Daseins das ganze Leben, und ich vernehme ein Zusammenklingen aller Gegensätze in absoluter und vollkommener Helligkeit. So geht es mir z.B., wenn ich Mozart höre. Ich erlebe plötzlich etwas, was die Sprache kaum erfassen kann. Vielleicht paßt hier die Beschreibung »Ergriffensein« oder »Durchflutetsein von Licht und Wärme«. Steiger-Ronner schreibt: »Im Er-griffen-Sein, im Durchtönt-Werden liegen also all die Möglichkeiten verborgen, die bis zur Erkenntnis und Verehrung eines Schöpferperson, eines Gottes führen.«[21]

In einer weiteren Entwicklung des Hörens, da der Geist bzw. das innere Horchen immer tiefer und vollkommener fortschreitet in der wahren Erkenntnis der Musik, da nimmt er wahr, daß das Göttliche unschaubar ist, aber vernehmbar durch die Töne. Wenn die Musik intensiv die innere Führung übernimmt, verschwindet zumindest zeitweilig das kleine oder das empirische Ich und der Mensch kommt mit dem geistigen Personkern (mit seinem großen Ich oder seinem tiefen Selbst) in Berührung. Dieses Vorstoßen zum ursprünglichen Selbst, dieses Bewußtwerden des *geistigen Ich* während des Musikhörens kommt einer Erleuchtung gleich, und es ist eine mystische Erfahrung, die nicht allzuschnell abgetan

---

21 Steiger-Ronner, a.a.O., S. 32.

werden sollte, denn darin wird das absolute Sein und der absolute Sinn erfahren. Hier ist die Subjekt-Objekt-Spaltung aufgehoben. Der Dualismus, unter dem wir gewöhnlich leiden, verschwindet. Dem Menschen wird in der musikalischen Erleuchtung eine Erfahrung der Transzendenz zuteil, in der er, wenn auch nur vorübergehend, befreit wird von aller Unruhe, Unsicherheit, Sinnlosigkeit und Angst. Beim Hören des 2. Satzes des Klavierkonzerts in d-moll von Mozart, kann ich mir keinen Menschen vorstellen, der beim Hören dieses Werkes an die endgültige Sinnlosigkeit glauben kann. Das ganze Sein, alles Dunkle und Zweideutige offenbart sich hier durchdrungen von einem ewig strahlenden Licht. Das begriffliche, rational-exakte Denken ist überwunden. Der Horizont weitet sich ins Unendliche aus. Die Erfahrung der eigenen Existenz oder die unmittelbare Wahrnehmung der Einzigartigkeit und der Einmaligkeit des eigenen Selbst kann sich in der Musik sozusagen ganz sanft, allmählich vollziehen oder aber auch mit solcher plötzlichen Intensität, daß der Mensch es fast nicht mehr aushält. Die Tränen, die einem dabei fließen, sollten zugelassen werden. Sie sind äußeres Zeichen einer sich in der Tiefe ereignenden Läuterung. Der Mensch »durchschaut« sich selbst, er blickt sozusagen in die ihm selbst verborgenen Schichten des Bewußtseins und entdeckt dabei, daß er *im Grunde* gut ist. Er erkennt, daß sein empirisches Ich (das kleine Ich, das wir meinen, wenn wir im Alltag von uns sprechen) in Unordnung verhaftet ist, aber daß er im Grunde seines Wesens das ursprüngliche Selbst leben möchte und lebt. Der Melos ruft ihn an, in die Ordnung des Logos einzutreten. Wie das konkret im einzelnen geschieht, hängt von der Entwicklungsstufe des Individuums ab. Wird der Eintritt in die Ordnung des Logos vollzogen, ist der Mensch weise geworden. Es reicht aber nicht aus, punktuell, nur ab und zu in die Ordnung des Logos einzutreten. Das Erreichen jenes höheren Bewußtseins muß täglich eingeübt werden, das heißt, daß sich der Mensch täglich — zumindest mehrmals in der Woche — in die Stille des meditativen Hörens begeben sollte. Nach und nach wächst in ihm das Bedürfnis danach, und mit der Zeit wird er erstaunt feststellen, daß die Musik in ihm selbst (innerlich) erklingt und eine wohltuende Wirkung ausübt. Die Bewältigung der alltäglichen Aufgaben fällt ihm leichter.

Von einer Flucht vor den konkret-geschichtlichen Aufgaben, die jedem, seiner Situation und Persönlichkeit gemäß, aufgetragen sind, kann keine Rede sein. Der Logos, der sich über die Musik kundtut, wird in den Alltag hineinwirken. Logotherapeutisch gesprochen: Beim Hören der großen Musik werde ich vom *Logos* ergriffen, ich werde vom *Logos* durch-tönt. In diesem hellen, reinigenden und läuternden Erlebnis bricht die Transzendenz in meine Geschichte ein. So erlebe und begreife ich mich als Person im wahrsten Sinne des Wortes: als ein (im Leib existierendes) geistiges Wesen, das vom Anruf der Transzendenz durch-tönt und durchklungen wird.[22] Wenn ich im geistigen Verstehen der Musik so weit gekommen bin, dann will ich dem idealen Wesen ähnlich werden, von dem die Töne und Melodien erzählen. Ihr Sinn besteht nämlich nicht nur darin, daß wir Gefallen daran haben, sondern vielmehr darin, daß wir durch das Ideal gehörter namenloser Schönheit in unseren Empfindungen

---

[22] Vgl. Viktor E. Frankl: Der Wille zum Sinn. Ausgewählte Vorträge über Logotherapie; München 1991, S. 117.

reiner und transparenter werden — und das ist ein hoher ethischer Anspruch.

An dieser Stelle sollte die Lektüre abgebrochen werden. Sie sollten, fragmentarisch oder ganz, das Oratorium »Die Schöpfung« von Joseph Haydn anhören.

Philosophie, Musik und Logotherapie

Schon in der Schule von Pythagoras (582–496 v. Chr.) wußte man, daß eine gezielte Auswahl von Musik einerseits das Bewußtsein und den Willen des Menschen — im noblen Sinne des Wortes — bilden, formen, heilen kann, andererseits aber kann sie den Menschen unter Umständen auch (destruktiv) manipulieren. Für die pythagoreische Schule war — und das ist sehr wichtig — der Ethosgehalt der Musik (d. h. die Einheit des Schönen und des Guten) eine Evidenz; eine tiefgreifende Erkenntnis, die im Laufe der Jahrhunderte oft vergessen wurde. Über die Harmonie-der-Sphären-Philosophie des Pythagoras kann man unterschiedlicher Meinung sein. Für mich ist die pythagoreische Intuition sehr wertvoll. Sie besagt, daß beim Hören der Musik die Seele sich an ihre *geistige Qualität* erinnert, die für Pythagoras in gewissen Zahlenproportionen faßbar wird. Auf den Gedanken der Rückerinnerung *(Anamnesis)* baute Platon später seine Erkenntnislehre auf: »*Jede* wirkliche Erkenntnis ist nach Platon Anamnesis, die Rückerinnerung der Seele an das vor ihrer Einkörperung Geschaute.«[23]

---

23 Zitiert nach Jochen Kirchhoff: Klang und Verwandlung. Klassische Musik als Weg der Bewußtseinsentwicklung; München 1989, S. 89f.

In Platons »Staat« finden wir eine Ethoslehre der Musik. Der Ethosgehalt der Musik als die Einheit des Schönen und des Guten ist das Unterscheidungskriterium für das Wunder des Menschseins, das sich in der Musik ereignen kann; in *jener* Musik, die die Fähigkeit besitzt, den Menschen an seinen *geistigen Ursprung* zu erinnern bzw. ihn seiner idealen Wesenheit (und somit seiner Wahrheit) näherbringt. In der Musik wirkt die Einheit des Schönen und des Guten. Die Einheit des Schönen und des Guten aber ist das *Schöngute*, dessen Erfahrung in der Musik dem Menschen die Gewißheit schenkt: *Das Sein ist sinnvoll*, und: *Alles ist gut.*

Wird diese Gewißheit in jeder beliebigen Musik erfahrbar? Schopenhauer war der Meinung: »Die Musik ist eine unbewußte Übung in der Philosophie, bei der der Geist nicht weiß, daß er philosophiert.«[24] In dieser »Definition« kommt die innere Verbindung der *Sophia* und des *Melos* zum Ausdruck. Musik ist eine überaus erhabene Philosophie, das heißt, ein Suchen nach der Weisheit, wobei das Suchen schließlich auch zum Ziel führt. Kant gehörte zu den wenigen Philosophen, der sagen konnte, ihm sei durch seine Philosophie alles klar. Aber wenn er eine Bach-Kantate höre, würde das ihm einen Frieden schenken, den ihm seine Philosophie nicht geben kann. Die abendländische Philosophie ist eine enorme Anstrengung des menschlichen Geistes, die letzten Geheimnisse der Wirklichkeit mit Hilfe des Denkens abzutasten. Die Musik aber geht über das Denken hinaus. Sie ist eine unbewußte Übung in der Philosophie, eine einzigartige

---

[24] Arthur Schopenhauer: Metaphysik des Schönen. Herausgegeben und eingeleitet von Volker Spierling; München-Zürich 1988, S. 225.

Form des Meditierens, in dem der menschliche Geist in die letzten Tiefen seines Unbewußten hineinsteigt, um dort *Jemandem* zu begegnen, der nicht wiederum er selbst ist.

Die Musik als unbewußte Übung in der Philosophie trifft, so möchte ich hinzufügen, vor allem auf das Komponieren zu, was ein tief meditativer Akt ist; aber das gilt auch natürlich für das Singen und für das Musizieren selbst. Das Musizieren ist ja Interpertation und als solche ein Nach-sinnen (eben ein geheimes Philosophieren) darüber, *wie* sie zu klingen hat, damit der in ihr verborgene *Sinn* hörbar bzw. vernehmbar wird. *Logos, Melos* und *Sophia* vereinigen sich in den drei schöpferischen Phasen des musikalischen Phänomens und bilden eine *Ureinheit,* wie sie sonst kaum vorstellbar ist. Da wir Menschen auch eine ursprüngliche Leib-Seele-Geist-Einheit sind, die aber ständig zu zerfallen droht, können wir so tief und innig die Musik in uns aufnehmen. Wir sehnen uns nach der Ureinheit, aus der wir kommen, und die Musik hält unsere Sehnsucht wach. In der Musik erkennen wir eine *geistige Gestalt,* die aus einer Welt kommt, »in der die Dinge nicht mehr durch Zeit und Ort auseinanderfallen« — um die Worte Gustav Mahlers zu zitieren.[25] Der Logos hält die Dinge zusammen und begründet ihre Sinnhaftigkeit. Ist damit nicht diejenige Einsicht gemeint, die Viktor Frankl in einem anderen Zusammenhang formuliert hat? Ich denke an den unikalen Sinn einer Situation, die anscheinend auf ein Gestalterfassen hinausläuft[26], wo der Mensch auf dem Hintergrund der Wirklichkeit eine

---

[25] George Balan: Der musikalische Weg zum Geist. Musicosophia-Bibliothek; St. Peter/Schwarzwald 1990, S. 17.
[26] Vgl. Viktor E. Frankl: Ärztliche Seelsorge, a.a.O., S. 79.

Möglichkeit erkennt, die er wahrzunehmen und wahrzu-
machen hat.

Ist es vielleicht der verborgene Sinn des Melos, der die
Musik so überaus faszinierend macht, daß wir durch sie
in das *namenlos Schöne* hineingerissen werden? Oder ist
es die — bereits angedeutete — innerste Verbindung zwischen *Melos, Logos* und *Sophia*, die in ihrer Zusammen-
wirkung in der Seele des Menschen die tiefste Faszination hervorbringt? Das Wesen der Musik in bezug auf
den hörenden Menschen besteht darin, das sie eminen-
terweise der menschlichen Existenz nahekommt.[27] *Deshalb,* so möchte ich hinzufügen, hat Musik (und das Musizieren) mit Menschen-, Charakter-, Bewußtseins- und
Geistesbildung zu tun. Deshalb ist das meditative Hören
der wirklich großen Musik auch für die Logotherapie von
Bedeutung, die wir als »Analyse auf Existenz hin« kennengelernt haben.

Neben der narrativen Logotherapie und der Bibliotherapie muß man in der logotherapeutischen Praxis auch
der *Sinnfindung durch Musik* den ihr angemessenen Platz
einräumen. Ich meine hier zunächst, wie bereits am Anfang angedeutet wurde, das meditative Hören der großen
Musik, die man an geeigneter Stelle während des therapeutischen Prozesses einsetzen kann. Denn in der wirklich großen Musik offenbart sich letztlich diejenige *Sinn-
gestalt*, die auch für die Logotherapie grundlegend ist:
der Logos als Geist, der Logos als Sinn, der Logos als ein
großer Sinnzusammenhang, der Logos als »der musikalische Christus«, der Logos als eine höhere und heilige
Gegenwart, der Logos als Über-Sinn.

---

[27] Vgl. Josef Pieper: Nur der Liebende singt. Musische Kunst heute;
Ostfildern 1988, S. 25.

Von dem Logos als ewig harmonisch und hell klingendem Über-Sinn wurden, meiner Meinung nach, die wirklich großen Musiker berührt, als sie ihre unsterblichen Werke komponiert haben. Ihre gute Musik kam aus dem guten *Geist*. Wenn das so ist, dann muß man konsequent hinzufügen, daß die großen Tonkünstler Offenbarungsträger (»Medien«) des *göttlichen Logos* sind. George Balan schreibt an einer Stelle, daß wir in der Präsenz der Musik für alle und gleichzeitig für jeden persönlich etwas von Gottes liebevoller Gegenwart erspüren, in der sich das Allumfassende so einzigartig mit den ganz intim angesprochenen Menschen vereint. Und er fügt noch hinzu: »Daher rührt bei den Menschen, die den Sinn für das Heilige nicht verloren haben, das instinktive Bedürfnis während des Musikhörens ein vollkommenes Schweigen zu bewahren. Und es handelt sich nicht nur um das Schweigen der Lippen, sondern auch um das Schweigen der Gedanken, welches sogar wichtiger ist.«[28] Aus dieser Sicht wird der *therapeutische* Aspekt der Musik, des Musikhörens und des Musizierens in seiner vollen Tragweite verständlich: Musik kann in besonderer Weise zur *Läuterung und Reinigung des Geistes und der Gefühle* beitragen. Sie kann unter Umständen den Boden für ein vertieftes therapeutisches Gespräch vorbereiten, in dem dann mit Hilfe der Worte und Argumente nach Sinn gesucht wird. Sie kann in eine unsagbare Stille und Ruhe hineinführen, in der Ängste verschwinden und das Vertrauen des Herzens wächst. In der Läuterung des Geistes und der Gefühle erlebt ein der Musik in Liebe zugewandter Hörer ihre Nähe zur menschlichen Existenz. Der namhafte Künstler Yehudi Menuhin erkannte die thera-

---

[28] George Balan: Einführung in die Musikmeditation, a.a.O., S. 16.

peutische Dimension der Mozartschen Musik. Er schreibt: »Seine Musik, von der immer bejahende Spontaneität und Vitalität ausgehen, greift tief in unser Leben hinein: Sie lehrt uns Höflichkeit und Feinheit im menschlichen Verhalten, sie zähmt gewaltsame Gefühlsausbrüche, hält Diszipin.«[29]

Auch wenn ich persönlich der Überzeugung bin, daß Mozart alle Wunden der Seele und des Gemütes heilen kann, räume ich ein, daß nicht immer die Mozartsche Musik vorgezogen werden muß. Es muß auch nicht immer Klassik sein. Um Mißverständnisse zu vermeiden, möchte ich betonen: Die therapeutische *Wirkung* der Musik ist natürlich nicht auf die sakrale und auf die klassische Musik beschränkt. Es würde zu weit führen, wenn ich hier alle Aspekte und Dimensionen der »Musiktherapie« bespräche. Mir geht es an dieser Stelle nicht um eine im engeren Sinne aufgefaßte Musiktherapie, obwohl ich sie sehr schätze.[30] Was ich zum Ausdruck bringen möchte, ist, daß die klassische und sakrale Musik besonders geeignet ist, die Suche nach Sinn zu unterstützen bzw. eine Sinnerfahrung zu vermitteln, die Gewißheit *ist*. In diesem Sinne übersteigt die Klassik und die Gregorianik alle Philosophien. Aber schon ein Lied kann uns helfen, »den Schleier vom Geheimnis des Daseins zu heben« (Gabriel Marcel), denn es ist wirksamer als jede logische Argumentation.[31] Zur therapeutischen Wirkung der Musik im allgemeinen sollen hier nur einige Bemerkungen angeführt werden:

---

[29] In: Peter Csobádi: Wolfgang Amadeus Summa Summarum. Das Phänomen Mozart: Leben, Werk, Wirkung; Wien 1990, S. 205.

[30] Vgl. Marianne Kawohl, a.a.O., das ganze Büchlein.

[31] Vgl. George Balan: Einführung in die Musikmeditation, a.a.O., S. 18.

1. Heilende Wirkung geht auch von einem Chanson oder von der Volksmusik aus.

2. Die Hörgewohnheiten der einzelnen Menschen und ihre Beziehung zur Musik sind sehr unterschiedlich, je nach Temperament, Bildung, Geschmack, geistig-seelischer Entwicklungsstufe usw. Deshalb sollte jeder sich selbst bemühen, diejenige Musik zu hören, die ihm gut tut.

3. In der modernen Rockmusik gibt es aber z. B. Strömungen und melodische Figuren, die zerstörerisch wirken. Statt des einheitlichen Erlebens, fördern sie die Depersonalisation (den Zerfall der Persönlichkeit). Steven Halpern schreibt dazu: »Bei einem großen Teil der Rockmusik zielt der Rhythmus darauf, die subtileren Signale des körpereigenen Kommunikationssystems rücksichtslos außer Kraft zu setzen. Infolgedessen gerät der Organismus in Unordnung, das Herz reagiert mit unregelmäßigem Schlag, der Körper wird geschwächt.«[32]

4. Die für die Logotherapie (und überhaupt für das Menschsein) so wichtige Sinnerfahrung läßt sich aber nur durch diejenige Musik vermitteln, welche die geistig-spirituelle Kraft des *Logos* als Geist und Sinn am stärksten beinhaltet. Marianne Kawohl schreibt: »Nahezu für alle Probleme und Krankheiten rate ich … unbedingt zur Klassik und Gregorianik. Natürlich ist es auch eine Frage der Dosierung und mancher Gegebenheiten, die man von Fall zu Fall abwägen muß.«[33]

---

[32] Zitiert nach Marianne Kawohl, a.a.O., S. 112f.
[33] Idem, S. 108.

Solche Bemerkungen sind freilich diskussionswürdig — ja, problematisch. Doch die eigentliche Frage, die wach gehalten werden sollte, ist: Welche Art von Musik hat die geistige Kraft, echte und unumstößliche Sinnerfahrung zu vermitteln? Es handelt sich um eine philosophische Frage, und sie läßt sich nur durchs Problematisieren beantworten. Mehr wollte ich hier nicht bezwecken. Die Antwort hierauf zu finden, ist jedermanns eigene Leistung.

An dieser Stelle ist noch eine weitere philosophische Frage zu klären, nämlich: »*Was* eigentlich vernehmen wir, wenn wir Musik hören?«[34] Wir haben zwar bisher auf die Frage, was Musik eigentlich sei, einige Antworten gegeben, aber man muß noch einmal ganz präzise fragen, um dem Geheimnis der Musik näherzukommen: Was ist das, was wir vernehmen, wenn wir Musik hören? Worüber »spricht« Melos?

Von einem »Gegenstand« als etwas Vorhandenem, wie in der bildenden Kunst (Malerei, Architektur) oder in der Dichtung, kann keine Rede sein. Wir erleben keinen Gegenstand, wenn wir Musik hören. Beim Gesang z. B. hören wir natürlich die Worte (die Sprache, die sich im Singen manifestiert), zugleich aber vernehmen wir, so Pieper, »einen geheimsten Sinn dieser Worte *hinzu*, den wir nicht vernehmen, wenn wir die Worte *allein* hören. Dieser ›geheimste‹ Sinn steht nicht da zu lesen, wie etwas Gesagtes!«[35] Er wird, eingebettet in der *singenden menschlichen Stimme,* vernommen; dabei zeigt sich, daß die Stimme über sich selbst hinausweist. Der Singende kann am besten sagen, daß er im Gesang in eine Bewe-

---

[34] Josef Pieper: Nur der Liebende singt, a.a.O., S. 108.
[35] Idem, S. 27.

gung nach oben hineingerät, in der er Empfänger sowie Vermittler eines ihn übersteigenden Inhalts wird.

Nehmen wir gleich ein Beispiel. Schlagen wir das Libretto der Mozart-Oper »Die Zauberflöte« auf und lesen wir öfters den Text aus dem Duett Nr. 7 von Pamina und Papageno: »Bei Männern, welche Liebe fühlen, / Fehlt auch ein gutes Herz nicht ...« Und dann lesen wir den auf die Liebe bezogenen Schlußsatz: »Ihr hoher Zweck zeigt deutlich an, / Nichts Edleres sei als Weib und Mann. / Mann und Weib und Weib und Mann / Reichen an die Gottheit an.«

Wir lesen laut, wir hören die Worte, wir verstehen den Sinn dieser Worte und dann *hören* wir, wie diese Worte als Gesang und im Kontext der Musik wirken. Es ist unmöglich den Unterschied *nicht* wahrzunehmen. Der »geheimste Sinn« dieser Worte offenbart sich erst im Zusammenhang von Gesang und Musik. In diesem Duett wird eine Liebe vernehmbar, die das Männliche und das Weibliche übersteigt, um sie auf einer höheren Ebene wiederum zu vereinen. Es ist die Ebene des Geistes, der geistigen Begegnung; es ist der Gipfelpunkt des gereinigten und des geläuterten *Eros*. (Nebenbei bemerkt: Es gibt in der *Zauberflöte* eine noch höhere Ebene der Liebe, worauf hier nicht eingegangen werden kann. Sie gipfelt in der Arie des Sarastro: »In diesen heil'gen Hallen kennt man die Rache nicht.«) Demnach vernehmen wir beim Gesang einen geheimsten Sinn. Was vernehmen wir aber, wenn wir Musik hören? Reine Musik — ohne Worte? ...
Es wurde schon darauf hingewiesen, daß in der großen Musik des Abendlandes das *Schöngute*, der *Logos* und der »Über-Sinn« vernehmbar werden. An dieser Stelle möchte ich die obige Frage genauer beantworten. Die Musik als eine im höchsten Grad allgemeine und univer-

161

sale Sprache »redet nicht von Dingen, sondern von lauter Wohl und Wehe«[36]. Dieser Satz von Schopenhauer führt an das eigentlich Gemeinte heran. Seine Philosophie ist in mancher Hinsicht zu pessimistisch, doch seine Gedanken über die Musik (darunter versteht er die in seiner Zeit gespielte Musik: Bach, Händel, Haydn, Mozart, Beethoven) sind immer noch aktuell. In seinen tiefsinnigen Betrachtungen zu einer Metaphysik der Musik führt er aus, die Musik könne die geheimste Geschichte der Seele und jede Bewegung des Willens erzählen.[37] Und zur geheimsten Geschichte der Seele gehören die Suche nach Sinn, das Ringen um das Werden der sittlichen Person in uns, die Wege und Umwege unserer Sehnsucht nach Liebe und Geliebtwerden usw.

»Wohl und Wehe« — das ist das Ziel des menschlichen Strebens. Das ist das Gute, das *bonum*, worauf das Wollen ausgerichtet ist. Das *bonum* ist der innere Sinn des Wollens: Denn Wollen meint das Gute, Wollen strebt nach dem Guten. Man muß hier aber sofort vor moralistischen Mißverständnissen warnen; denn worum es sich eigentlich handelt, läßt sich nicht von der Moral, sondern eher von der Philosophie her sagen. Wie Pieper schreibt: »Das Sein des Menschen ist *geschehendes* Sein«, insofern kann man nicht sagen, daß der Mensch einfach »vorhanden« ist (wie ein Gegenstand beispielsweise). Des Menschen (Da-)Sein *ist* »auf solche Weise, daß er ein *Werdender* ist«. Der Mensch ist also ein *werdendes Dasein,* eine sich in der Zeitlichkeit entfaltende und explizierende Person — »nicht bloß als ein physisch Wachsender«, sondern »auch als geistiges Wesen ist er einer, der

---

[36] Zitiert nach idem.
[37] Vgl. Arthur Schopenhauer, a.a.O., S. 219f.

ständig in Bewegung ist; er ›geschieht‹ selber; er ist auf dem Wege. Und das, wohin er sich bewegt, wohin er auf dem Wege ist ... also das *Ziel* dieses Unterwegsseins, das, wohin diese Bewegung drängt, ist das Gute. Selbst wenn der Mensch das Böse tut: gemeint ist das Gute.«[38]

Mit anderen Worten: Unsere unstillbare Sehnsucht und innere Bewegung, diese rastlose und nicht zu hemmende Unruhe (manche Philosophen sprechen von der »metaphysischen Unruhe«), welche uns immer weiter treibt und drängt, das, worauf sie hinaus will, ist: Glückseligkeit und die Fülle des Lebens. Das ist das Wohl, das Gut, worauf das bewußte (und unbewußte) Wollen hinauswill! Aber: Der Vorgang des Werdens, das werdende Dasein der menschlichen Existenz, die Wege und Umwege unseres Lebens führen nie völlig zum Ziel (zur Glückseligkeit und zur Fülle). Wir nähern uns asymptotisch dem Ziel, wobei weder das Ziel noch unser Werde-Vorgang selbst sprachlich zu fassen sind. Die Dichter bezeugen am eindrucksvollsten, daß uns in den existentiellen Grenzsituationen die Worte fehlen. Wenn wir aber sprachlich nicht das ausdrücken und fassen können, worauf wir innerlich uns ständig zubewegen, was bleibt uns übrig? — *Die Musik!* Augustinus schrieb: »Sagen läßt sich's nicht, und schweigen läßt sich auch nicht. [...] Was aber sollen wir, nicht redend, nicht schweigend? Jubeln! *Jubilate!* Erhebet die redelose Stimme Eurer Herzensseligkeit!«[39] Eine der *mächtigsten Gestalten* dieser »redelosen Stimme« ist: *die Musik!* Und da, wo die Musik dieses »bonum«, das *Gute* (das von dem *Schönen* und *Wahren* nicht getrennt werden kann) in einer solchen Art und Weise vorweg-

---

[38] Josef Pieper: Nur der Liebende singt, a.a.O., S. 27f.
[39] Zitiert nach idem, S. 28.

nimmt, daß der Hörer in höchstem Maße Licht, Sinn, Erfüllung, Glückseligkeit, ekstatische und jubilierende *oder* ruhige und gelassene Bejahung des *ganzen Lebens* erlebt, ... da offenbart sich die *Quelle des Heiligen und des Religiösen* — jene *heilige und höhere Gegenwart,* die von den Religionen mit dem Wort »Gott« bezeichnet wird. Diese Art von göttlicher Offenbarung ist auf jeden Fall in der absoluten Musik von Wolfgang Amadeus Mozart gegeben. Der französische Dominikaner, Reginald Ringenbach, hat die *theologische Dimension* der Mozartschen Musik in einem ungewöhnlichen Buch dargelegt.[40]

Wenn ein Theologe voll zärtlicher Verehrung von Mozart spricht, könnte man ihm leicht den Vorwurf machen, er sei ein Schwärmer. Aber nein. Denn selbst »Bernhard Shaw, der alte Spötter, nannte Mozarts Musik ... ›die einzige Musik, bisher geschrieben, die nicht deplaziert klingen würde im Munde Gottes‹«[41].

So zeigt sich, daß die von der abendländischen Philosophie geahnte »Einheit des Guten und des Schönen« (das Schöngute) in der Mozartschen Musik eine unumstößliche Evidenz ist. — Hier soll die Lektüre wieder abgebrochen werden. Hören Sie still und hingebungsvoll folgende Werke an:

1. Krönungsmesse in C-dur, KV 317;
2. »Et incarnatus est« aus der Großen Messe in C-moll, KV 427;
3. Serenade in B-dur »Gran Partita«, KV 361, vor allem den dritten Satz: Adagio.

---

[40] Vgl. Reginald Ringenbach: Gott ist Musik. Theologische Annäherung an Mozart; München 1986.
[41] Zitiert nach Hans Küng: Spuren der Transzendenz? Erfahrungen mit der Musik Mozarts; München-Zürich 1991, S. 33.

Es handelt sich hier um eine Evidenz, die vom reinen Denken her nie eingeholt werden kann. Wo das Denken aufhört, da beginnt die Musik. Wo die Musik beginnt, da sind wir der Gottheit nahe.

Musik als ein Weg zum Über-Sinn

Es ist an der Zeit, explizit zu bekennen: Jene *höhere Gegenwart*, die ich in der wirklich großen Musik vernehme, ist die höchste Stufe der Erlebnismöglichkeit. Sie ist eine verdichtete Sinnerfahrung oder, theologisch ausgedrückt: eine Erfahrung Gottes. Darüber spricht auch Hans Küng in einem bemerkenswerten Aufsatz, in dem er die Struktur der Gotteserfahrung analysiert. Küng schreibt: »Es ist die Musik, die einen jetzt ganz umfängt, durchdringt und plötzlich von innen her klingt. Was ist passiert? Man spürt, daß man gänzlich, mit Augen und Ohren, Leib und Geist nach innen gewendet und alles Äußere, alle Entgegensetzung, alle Subjekt-Objekt-Spaltung überwunden ist. Die Musik ist nicht mehr ein Gegenüber, sondern ist das Umfangende, Durchdringende und von innen her Beglückende und uns ganz Erfüllende. Man könnte beinahe sagen: ›In ihr leben wir, bewegen wir uns und sind wir.‹« Dieses »Schriftwort fußt auf einem alten griechischen Dichterwort, und ganz fein und dünn scheint mir da die Grenze zwischen der Musik, der spirituellsten aller Künste, und der Religion, die schon immer besonders mit der Musik zu tun hatte. Woran liegt das? Es liegt daran, daß es in solchen Momenten gelingen mag, sich zu öffnen, bis zutiefst zu öffnen in jenem vernünftig-übervernünftigen Vertrauen …: um in dem unendlich schönen Klang den Klang des einen Unendlichen zu hören. Anders gesagt: Öffne ich mich, öffne ich mich ganz in vertrauendem Glauben, so kann ich gerade in diesem wortlosen Geschehen der Musik vom unaussprechlichen Geheimnis angerührt werden, kann ich in diesem überwältigend schönen, erfreuenden, beglückenden Erleben die Anwesenheit einer tiefsten Tiefe, für die das Wort Gott steht, selbst erspüren, erfühlen und erfahren.«[42]

Nicht weniger bemerkenswert ist ein Gedicht, das nach dem Hören der »Missa Solemnis« von Beethoven inspiriert und von Rainer Maria Rilke niedergeschrieben wurde:

»Beethoven sprach — mir zittern noch die Sinne,
Und alles Dunkel in mir rauscht noch nach.
Wir waren Kinder, Lebensanbeginne,
Und saßen sanft und mit gesenktem Kinne:
Beethoven sprach.«[43]

Gerade diese Art von Gotteserfahrung als ein Höhepunkt der Sinnerfahrung ist dem liebenden Hörer mit der klassischen Musik möglich. Deshalb läßt sich sagen: Logotherapie als eine Therapie vom Geistigen her korrespondiert von ihrem Ansatz mit der Musik als der geistigsten aller Künste; und die Musikmeditation, das meditative Hören der wirklich großen abendländischen Musik bringt den *Logos* dieser Welt zum hörbaren Ausdruck.

---

[42] Hans Küng: Gott neu entdecken, in: Concilium. Internationale Zeitschrift für Theologie, Heft 1/1990, S. 62.
[43] Zitiert nach George Balan: Pioniere der Musikmeditation, a.a.O., S. 134.

Balan, George (1982): Einführung in die Musikmeditation; Neustadt/Aisch: Kunsthandel-Verlag Hermann Schmelzer. (Erweiterte Neuausgabe: Musicosophia oder die in den Tönen verborgene Weisheit, Musicosophia-Bibliothek St. Peter/Schwarzwald 1986)

— *ders.* (1987): Pioniere der Musikmeditation; Musicosophia-Bibliothek Bd. X, 79271 St. Peter/Schwarzwald, Finkenherd 6 (hier kann man dieses und weitere Bücher sowie Kassetten zum Thema »bewußtes Musikhören« bestellen)

— *ders.* (1990): Der musikalische Weg zum Geist; Musicosophia-Bibliothek St. Peter/Schwarzwald

Balthasar, Hans Urs von (1967): Spiritus Creator. Skizzen zur Theologie III. Einsiedeln: Benziger Verlag

Beauvoir, Simone de (1977): Das Alter; Reinbek

Boros, Ladislaus (1972): Der anwesende Gott. Wege zu einer existentiellen Begegnung; Olten und Freiburg: Walter-Verlag (8. Auflage)

Bosmans, Phil (1983): Ja zum Leben; Freiburg: Herder-Verlag

Csobádi, Peter (Hg. 1990): Wolfgang Amadeus Summa summarum. Das Phänomen Mozart: Leben, Werk, Wirkung; Wien: Paul Neff Verlag

Farkas, Attila (1972): Az emneri nemiség (= die menschliche Sexualität); Budapest, in: Vigilia Nr. 3/1972 (Theologische Monatszeitschrift)

Feigenwinter, Max (1991): Miteinander wachsen; Oberegg: Noah-Verlag

Frankl, Viktor E. (1986): Der Mensch vor der Frage nach
dem Sinn; München: Piper Verlag
— *ders.* (1987): Ärztliche Seelsorge. Grundlagen der Logotherapie und Existenzanalyse; Frankfurt/M: Fischer Taschenbuch Verlag (4. Auflage)
— *ders.* (1988) Die Sinnfrage in der Psychotherapie;
München: Piper Verlag
— *ders.* (1990): Der leidende Mensch. Anthropologische
Grundlagen der Psychotherapie; München: Piper
Verlag
— *ders.* (1991): Der Wille zum Sinn. Ausgewählte Vorträge über Logotherapie; München: Piper Verlag

Fried, Erich (1984): Liebesgedichte, Angstgedichte,
Zorngedichte; Berlin: Klaus Wagenbach Verlag

Fromm, Erich (1982): Haben oder Sein. Die seelischen
Grundlagen einer neuen Gesellschaft; München:
Deutscher Taschenbuch Verlag (12. Auflage)

Gibran, Khalil (1991): Der Prophet; Olten und Freiburg:
Walter-Verlag (26. Auflage)

Gruber, Ellmar (1991): Laß Schaf und Wolf zusammen
in dir wohnen; München: Don Bosco Verlag

Haeffner, Gerd (1982): Philosophische Anthropologie;
Stuttgart–Berlin–Köln–Mainz: Kohlhammer Verlag

Häring, Bernhard (1989): Frei in Christus; Freiburg: Herder Verlag, I–III. Band (Sonderausgabe)

Heidegger, Martin (1967): Sein und Zeit; Tübingen,
11. unveränderte Auflage

Kawohl, Marianne (1989): Heilkraft der Musik. Ein Leitfaden mit vielen Anwendungsbeispielen; Freiburg: Herder Taschenbuch Verlag

Kirchhoff, Jochen (1989): Klang und Verwandlung. Klassische Musik als Weg der Bewußtseinsentwicklung; München: Kösel Verlag

Klever, Peter (1989): Glanz fand ich auch. Randbemerkungen zum Leben; Lahr: Ernst Kaufmann Verlag, 3. Auflage

Kurz, Wolfram (1989): Die sinnorientierte Konzeption religiöser Erziehung. Sinnfrage und ethische Dimension im Zusammenhang der religionspädagogischen Entwürfe des 20. Jahrhunderts; Würzburg: Stephans-Buchhandlung Wolfgang Mittelstädt
— *ders.* (1991): Suche nach Sinn; Würzburg: Stephans-Buchhandlung Wolfgang Mittelstädt

Küng, Hans (1990): Gott neu entdecken; in: Concilium. Internationale Zeitschrift für Theologie; Heft 1/1990
— *ders.* (1991): Spuren der Transzendenz? Erfahrungen mit der Musik Mozarts; München–Zürich: Piper Verlag

Lotz, Johann Baptist (1983): Lachen ist eine Gabe Gottes. Von der Tugend des Humors; Freiburg: Herder Taschenbuch Nr. 999

Lukas, Elisabeth (1985): Psychologische Seelsorge. Logotherapie — die Wende zu einer menschenwürdigen Psychologie; Freiburg: Herder Taschenbuch Verlag

— *ders.* (1989): Psychologische Vorsorge. Krisenprävention und Innenweltschutz aus logotherapeutischer Sicht; Freiburg: Herder Taschenbuch Verlag

— *ders.* (1990): Geist und Sinn. Logotherapie — die dritte Wiener Schule der Psychotherapie; München: Psychologische Verlags Union

— *ders.* (1993): Geborgensein — worin? Logotherapeutische Leitlinien zur Rückgewinnung des Urvertrauens; Freiburg: Herder Verlag

Müller, Wunnibald (1989): Intimität. Vom Reichtum ganzheitlicher Begegnung; Mainz: Matthias-Grünewald-Verlag

Perne, Heinz (1981): Getröstete Einsamkeit; Limburg: Lahn-Verlag

Pieper, Josef (1986): Lieben, Hoffen, Glauben; München: Kösel-Verlag (Aus diesem Grundwerk habe ich wichtige Gedanken und Einsichten übernommen. Piepers Klarheit ist wie ein Lichtstrahl)

— *ders.* (1986): Thomas von Aquin. Leben und Werk; München: Kösel-Verlag (3. veränderte Auflage)

— *ders.* (1988): Nur der Liebende singt. Musische Kunst heute; Ostfildern bei Stuttgart: Schwabenverlag

— *ders.* (1991): Philosophie, Kontemplation, Weisheit; Einsiedeln/Freiburg: Johannes Verlag

Rahner, Karl (1964): Alltägliche Dinge; Einsiedeln: Benziger Verlag

Ringenbach, Reginald (1986): Gott ist Musik. Theologische Annäherung an Mozart; München: Kösel-Verlag

Rohr, Richard (1991): Der nackte Gott. Plädoyers für ein Christentum aus Fleisch und Blut; München: Claudius Verlag (6. Auflage)

Schmidt, Peter (1990): Den Dingen auf den Grund gehen; Oberegg: Noah-Verlag (in der Schweiz)

Schopenhauer, Arthur (1988): Metaphysik des Schönen. Herausgegeben und eingeleitet von Volker Spierling; München–Zürich: Piper

Schutz, Roger (1985): Vertrauen wie Feuer. Tagebuchaufzeichnungen; Herderbücherei 1194
— *ders.* (1987): Brief von den Quellen. Aus dem Innern leben; Les Presses de Taizé (Roger Schutz ist bekannt auch mit dem Namen Frère Roger)

Steiger-Ronner, Angela (1993): Werterkennen und Werterleben in der Musik. Wege zur Sinnfindung aus logotherapeutischer Sicht; in: Logotherapie und Existenzanalyse Nr. 1/1993 (Zeitschrift der Deutschen Gesellschaft für Logotherapie und Existenzanalyse e. V.)

Weischedel, Wilhelm (1991): Die philosophische Hintertreppe. 34 große Philosophen in Alltag und Denken; München: Deutscher Taschenbuch Verlag (20. Auflage)

Weöres, Sándor (1972): Versuri (= Gedichte); Bukarest (Zweisprachige ungarisch-rumänische Ausgabe)

Zimmer, Katharina (1992): Erziehung schon im Mutterleib? In: Süddeutsche Zeitung Magazin Nr. 15 vom 10. 4. 1992

Zsok, Otto (1994): Logotherapie und Musik. Variationen über die Komplementarität von Sinn und Melos; in: Journal des Viktor-Frankl-Instituts; Wien Nr. 1 (1994)

Bibliographie deutschsprachiger Literatur zur Logotherapie in Auswahl

Bücher von **Viktor E. Frankl**:

Ärztliche Seelsorge. Grundlagen der Logotherapie und Existenzanalyse; 4. vom Autor ergänzte Auflage 1987, 280 Seiten, Fischer TB

Der leidende Mensch. Anthropologische Grundlagen der Psychotherapie; Neuausgabe 1990, 405 Seiten, Serie Piper

Der Mensch vor der Frage nach dem Sinn. Eine Auswahl aus dem Gesamtwerk mit Vorwort von K. Lorenz; 290 Seiten, 7. Auflage 1988, Serie Piper

Der unbewußte Gott. Psychotherapie und Religion; 7. Auflage 1988, 120 Seiten

... trotzdem Ja zum Leben sagen. Ein Psychologe erlebt das Konzentrationslager; 7. Auflage 1988, 200 Seiten, dtv

Das Leiden am sinnlosen Leben. Psychotherapie für heute; Neuausgabe 1991, 123 Seiten, Herder/Spektrum

Theorie und Therapie der Neurosen. Einführung in Logotherapie und Existenzanalyse; 6. erweiterte Auflage 1987, 225 Seiten, UTB

Im Anfang war der Sinn. Von der Psychoanalyse zur Logotherapie, Ein Gespräch (Franz Kreuzer im Gespräch mit Viktor Frankl) 1986; 106 Seiten, Serie Piper

Bücher von **Elisabeth Lukas** (in Auswahl):

Psychologische Vorsorge. Krisenprävention und Innenweltschutz aus logotherapeutischer Sicht; 1989, 318 Seiten, Herder TB

Geist und Sinn. Die Dritte Wiener Schule der Psychotherapie; mit Beiträgen von Simmerding/Sedlak/Kurz, 1990, 175 Seiten, TB

Die magische Frage — wozu? Logotherapeutische Antworten auf existentielle Fragen; 1991, 247 Seiten, Herder

Spannendes Leben. Ein Logotherapie-Buch; 2. Auflage 1993, 205 Seiten, Quintessenz

Geborgensein — worin? Logotherapeutische Leitlinien zur Rückgewinnung des Urvertrauens; 1993, 223 Seiten, Herder

Alles fügt sich und erfüllt sich. Die Sinnfrage im Alter; 1994, 96 Seiten, Quell TB

Psychotherapie in Würde. Sinnorientierte Lebenshilfe nach Viktor E. Frankl; 1994, 211 Seiten, Quintessenz

Bücher von **Uwe Böschemeyer**:

Herausforderung zum Leben. Lebenskrisen und ihre Überwindung; Hamburg 1991, Kabel Verlag, 189 Seiten

Vom Typ zum Original. Die neun Gesichter der Seele und das eigene Gesicht. Ein Praxisbuch zum Enneagramm; Lahr 1994, SKV-Edition, 223 Seiten

Viktor. E. Frankl

Logotherapie und Existenzanalyse
Texte aus sechs Jahrzehnten
Neue, erweiterte Ausgabe

1994, 348 S., mit 12 Fotos, geb.
DM 49,80 / ÖS 389.- / SFr 49,80
ISBN 3-86128-213-5
Quintessenz Verlag München

Inhalt

Mit bisher unveröffentlichtem Bildmaterial aus Frankls Privatbesitz

1905 in Wien geboren, gilt Viktor E. Frankl als der Vater der »Dritten Wiener Richtung der Psychotherapie«, der Logotherapie. Weltbekannt wurde er durch sein Buch »Trotzdem Ja zum Leben sagen. Ein Psychologe erlebt das Konzentrationslager«, wo er seine eigenen Erfahrungen aus dem Konzentrationslager beschreibt. Frankl ist Professor für Neurologie und Psychiatrie an der Universität Wien, hatte aber auch Professuren an amerikanischen Universitäten inne, u. a. an der Harvard University. 25 Jahre lang war er Direktor der Neurologischen Poliklinik in Wien. Er erhielt 26 Ehrendoktorate von Universitäten in aller Welt. Seine 30 Bücher sind in 22 Sprachen erschienen.

... wieder Ja zum Leben sagen

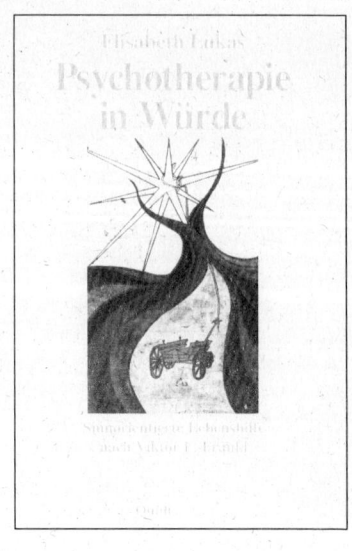

„Binde deinen Karren an einen Stern!" Dieses Wort von Leonardo da Vinci enthält eine Symbolik, die zur sinnorientierten Lebenshilfe nach Viktor E. Frankl in besonderem Maße paßt. Denn diese Psychotherapierichtung – allgemein als Logotherapie bekannt – versteht sich nicht als eine Hilfe, den im Schlamm seelischer Fehlentwicklungen steckengebliebenen „Lebenskarren" eines Menschen aus dem Morast zu ziehen. Sie wühlt nicht im Schutt vergangener Tage, zwischen dem sich die Räder seines Gefährts verklemmt haben mögen. Ihr Anliegen entspricht eher einer Ausrichtung seines „Lebenskarrens" auf jenen Sinn- und Wertehorizont hin, der ihn durch Schutt und Morast noch heil durchzutragen vermag.

Ohne Anbindung an sinnstiftende Kraftquellen und zutiefst erfüllende Weltbezüge würde nämlich selbst der wieder flott gemachte „Lebenskarren" allzuleicht in den nächsten Sumpf einlaufen. Das Freisein der Räder bedeutet nicht zwingend, daß sie sich in die richtige Richtung bewegen. Psychotherapie, will sie der Würde des Menschen entsprechen, muß das Suchen und Sehnen des Menschen ernst nehmen, der wissen will, wohin und wozu sein Wagen rollt, welchen Hoffnungen entgegen. Freilich, Psychotherapie – auch Logotherapie – kann keine Orientierung vorgeben, sie kann keine Sterne erzeugen. Aber sie kann, wie in diesem Buch an vielen praktischen Beispielen gezeigt wird, mithelfen, an diejenigen Sterne anzubinden, die uns leuchten.

Es macht den eigenartigen Reiz und das Ansprechende dieses Logotherapiebuches aus, daß es die wissenschaftlichen Grundlagen und Gesprächstechniken einer modernen Psychotherapieform mit uralten Menschheitserkenntnissen in holistischer Weise verbindend u.a. mit der Direktheit und Intensität literarisch-dichterischer Bilder vermittelt, was es dem Leser ermöglicht, die Wirkung bester „Bibliotherapie" an sich selbst zu erfahren.

Elisabeth Lukas

Psychotherapie in Würde

Sinnorientierte Lebenshilfe nach Viktor E. Frankl

1994, 211 S., 2 Abb., brosch.
(Quintessenz Sachbuch)
ISBN 3-86128-281-X

Quintessenz Verlags-GmbH, München